MON P'TIT CAHIER
NOUVEAU PAPA

VÉRONIQUE DEILLER

ILLUSTRATIONS
LAYLA BENABID (INTÉRIEUR)
ISABELLE MAROGER (COUVERTURE)

SOLAR
EDITIONS

SOMMAIRE

Introduction

Vous venez de déballer ce petit cahier… Votre réaction ? Difficile à dire ! Vous avez peut-être été déçu que ce ne soit pas le nouveau Pokemon/MotoGP sur Twitch. Vous avez peut-être aussi eu envie de prendre vos jambes à votre cou en vous disant que décidément, la lecture, ce n'est pas pour vous. Ou vous avez peut-être simplement souri bêtement ou retenu une larmichette. Félicitations, vous allez être papa ! Et bravo, vous êtes encore là ! Vous êtes rodé à la nouvelle depuis plusieurs semaines, et ce petit cahier a bizarrement atterri sur votre oreiller après une visite de votre (belle)-maman ?

Reste maintenant à comprendre pourquoi, au-delà du geste, elle a tant voulu que vous vous plongiez dans ces quelques pages alors que vous préféreriez vous afficher dans le métro avec *l'Équipe*. Même si vous n'en êtes pas encore vraiment conscient, vous allez devoir potasser pendant les quelques semaines à venir. Inutile d'aller demander à Google comment changer une couche. Vous avez ici tout ce qu'il vous faut ! Au programme :

- Comprendre ce qui se passe dans le ventre de votre dulcinée. Pas question de vous dire que votre bébé fera la taille d'une courge à 6 mois. Soyons réalistes : votre amour des cucurbitacées n'a d'égal que celui que vous avez pour votre contrôleur fiscal. En revanche, c'est en comprenant le déroulement de la grossesse que vous pourrez mieux appréhender ce qui se passe pour votre moitié… et l'aider.
- Vous livrer toutes les clés pour vous permettre de l'accompagner, dans les moments heureux, mais aussi plus pénibles, de la grossesse. Vous verrez, jamais elle ne vous aimera autant que le jour où elle s'apercevra que vous savez apaiser ses nausées ou vous autocensurer en salle de naissance !
- Vous guider dans les préparatifs qui risquent rapidement de se rappeler à vous avec une insistance surhormonée dont seule votre douce a le secret.

Surtout et enfin, ce petit cahier a vocation à vous aider dans votre cheminement vers la paternité. Difficile de se projeter quand on n'est pas soi-même squatté ! Et pourtant, ces quelques mois seront de précieux alliés pour vous questionner et vous rassurer. Alors rangez *l'Équipe*, et bonne lecture !

Test : Quel futur papa êtes-vous ?

Dans la famille des futurs papas, il y a l'embarras du choix ! Et que vous soyez cool, hyper-investi ou très amoureux de votre chérie, il va falloir vous adapter à la petite révolution qui vous pend au nez. Votre priorité : vous définir des objectifs personnalisés en attendant votre bébé !

La première fois qu'elle a émis l'idée d'avoir un bébé, comment avez-vous réagi ?

- Faire un bébé = faire plus de câlins = OK BB !
- AFK !
- Vous vous sentiez prêt… si elle l'était !

Pendant la période de conception, vous étiez :

- Plutôt décontracté : zéro pression !
- À l'écoute de ses envies… et de ses déceptions !
- Passablement stressé !

Votre priorité pendant sa grossesse :

- Préparer l'après-naissance.
- Être présent, tout simplement !
- Profiter de vos derniers moments de liberté avant l'arrivée de votre bébé.

Quand vous pensez à l'accouchement, vous vous dites :

- La péridurale sera notre amie.
- On a encore tant de choses à finaliser !
- Elle va masteuriser !

Changer des couches, donner le biberon…

- Vous y travaillez !
- C'est pas sorcier, vous devriez y arriver !
- Il y aura bien quelqu'un pour vous montrer comment vous débrouiller !

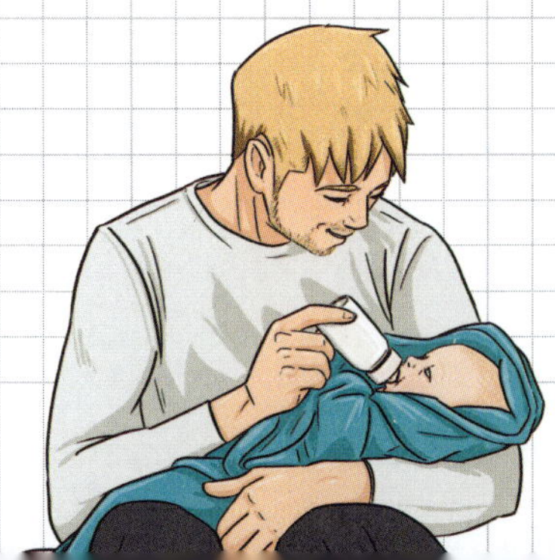

Si elle vous dit écouvillon, vous lui dites…

- 🍃 Moi aussi, j'irais bien dormir.
- ☀ Choisit celui qui te plaît, il sera mignon !
- ✩ N.m., synonyme de goupillon : brosse cylindrique à long manche pour nettoyer les bouteilles et les biberons.

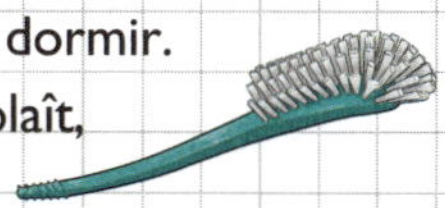

Quand vous vous projetez dans quelques années, vous vous imaginez en papa :

- 🍃 Cool, celui que tous les copains envient.
- ✩ Bienveillant, celui qui accompagne et apprend.
- ☀ Gâteau, celui qui couvre d'amour et de cadeaux !

Que redoutez-vous une fois la naissance passée ?

- ✩ Un problème de santé, une situation d'urgence que vous ne sauriez pas gérer.
- 🍃 Les nuits trop courtes, les week-ends annulés : la fin de la tranquillité !
- ☀ Que vous soyez plus parents qu'amoureux.

Faites les comptes !

🍃	✩	☀
2	4	2

Vous obtenez un maximum de 🍃 : *vous êtes un futur papa #chill !*

Quand elle vous a annoncé qu'elle voulait un bébé, vous lui avez dit : « Cool ! » Quand elle vous a dit qu'elle avait arrêté la pilule, vous lui avez dit : « OK ! » Quand elle vous a déclaré qu'elle était enceinte, vous lui avez souri et répondu : « Fra(aiaiaia)is ! » Bref, vous concevez la parentalité comme bien d'autres pans de votre vie, avec sérénité. Mais si c'est tout à votre honneur d'être #chill pendant sa grossesse (elle stressera sûrement pour deux), il va aussi falloir vous pencher un peu plus sérieusement sur ce « petit » dossier.

Votre objectif : être présent à ses côtés dans les grands moments (à ne pas oublier !) et les épisodes plus difficiles (inquiétudes et maux variés), adapter votre mode de vie et votre environnement à ces quelques mois si particuliers, vous organiser pour accueillir votre bébé… Il est temps de vous investir pleinement, question de faire, vous aussi, votre cheminement de parent. Gardez vos #goodvibes, et au boulot !

Vous obtenez un maximum de : *vous êtes un futur papa geek !*

Quand elle vous a annoncé qu'elle voulait un bébé, vous avez potassé des bouquins sur la fertilité. Quand elle vous a dit qu'elle avait arrêté la pilule, vous avez planché sur la physiologie de la fécondation. Quand elle vous a déclaré qu'elle était enceinte, vous avez directement consulté la page Wikipédia d'aménorrhée. La parentalité fait partie de ces projets de vie dans lesquels vous avez beaucoup investi ! Et tant mieux !

En attendant le jour J, n'hésitez pas à améliorer votre version bêta de futur papa en faisant une MAJ de toutes vos connaissances sur sa santé, le développement de votre bébé, votre environnement et la naissance ! Votre objectif : éviter tous les glitchs de la grossesse et être au taquet quand vous aurez à affronter le boss final, l'accouchement !

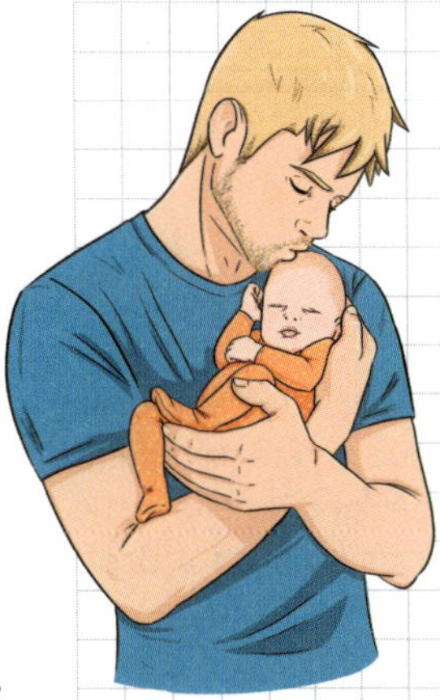

Vous obtenez un maximum de : *vous êtes un futur papa #crush !*

Quand elle vous a annoncé qu'elle voulait un bébé, vous lui avez dit : « Bien sûr, ma vie ! » Quand elle vous a dit qu'elle avait arrêté la pilule, vous avez pris votre mission de fécondateur très à cœur. Quand elle vous a déclaré qu'elle était enceinte, vous avez souri de la voir si heureuse… Même si vous n'aviez pas prévu d'être papa tout de suite, vous étiez, pour elle, prêt à tout. Et depuis, vous êtes ravi !

En attendant le jour J, continuez à l'accompagner, mais pensez aussi à vous ! Comment vous projetez-vous en tant que futur papa ? Comment rester le couple (merveilleux) que vous étiez avant tout en étant parents ? Mettez ces quelques semaines à profit pour (tenter de) répondre à vos questions.

Chapitre 1

Notre futur bébé

Difficile de vous investir dans la grossesse de votre compagne tant vous vous sentez déconnecté de sa nouvelle réalité ? Pour vous approprier votre rôle de futur papa, pas de secret : il faut faire connaissance avec votre bébé. Comment va-t-il se développer ? Qu'allez-vous lui transmettre ? Allez-vous pouvoir communiquer ? Découvrez ici quelques réponses pour vous accompagner dans vos premiers pas de papa.

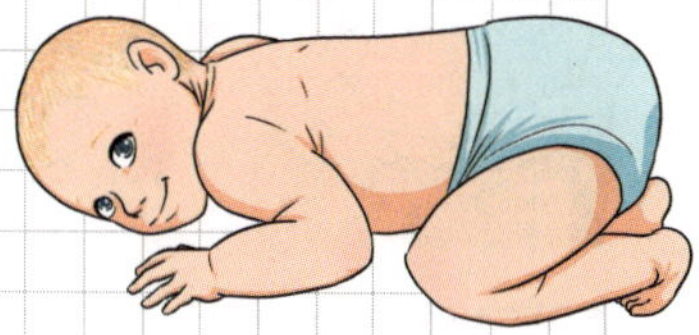

9 mois de changements… pas toujours faciles à vivre !

Ce qui se passe dans son ventre ? Sincèrement, vous préférez ne pas y penser tant que vous savez que tout est OK… Et pourtant, l'évolution de votre bébé explique souvent l'état de votre moitié, et donc votre quotidien plus ou moins chamboulé. D'où l'intérêt de vous y pencher !

1er trimestre : on constitue l'équipe !

Que sa grossesse ait été le résultat d'une tactique préconceptionnelle rondement menée ou d'une 3e mi-temps très remarquée, le résultat est là : vous allez être papa ! Mais le plus dur reste à faire ! Pour preuve : cette phase de la grossesse haute en tensions des 3 premiers mois !

Votre champion : pendant ses premières semaines, le futur bébé sort le grand jeu. Après la fécondation, le zygote (cellule unique) se met en phase d'attaque avec la mitose (la division cellulaire), s'installe dans le camp adverse (l'utérus) et commence à développer ses organes. Résultat : à la fin du 1er tiers-temps, il est déjà muni d'un cœur comportant quatre cavités, d'un système nerveux, d'une moelle épinière, de ses membres et d'un visage, qui commence à se dessiner.

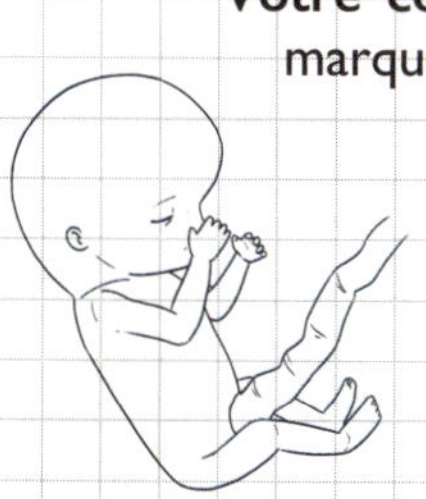

Votre coéquipière : dès le coup d'envoi de la grossesse, elle est constamment marquée par toute une équipée d'hormones (β-HCG, progestérone, œstrogène) qui provoquent chez elle différents maux. Nausées, reflux gastriques, fatigue excessive, constipation, jambes lourdes, et parfois même hypersalivation, problèmes de gencives, rhinite… Pas étonnant qu'elle soit sur la touche !

C'est le moment de… vous rabattre en défense ! En attendant la fin du 3e mois, évitez les grands déplacements, les efforts violents… Restez au repos et bichonnez-la !

2e trimestre : une bonne dynamique de groupe !

Entre 4 et 6 mois de grossesse, l'heure est à la consolidation. Votre petite équipe a trouvé ses marques, et votre bébé est la révélation du moment !

Votre champion... est au top ! S'il s'agite depuis sa conception, il fait désormais des frappes (de fou) que vous pouvez parfois sentir et il atteint de bonnes pointes de vitesse (jusqu'à 120 mouvements par heure au cours du 6e mois). Autres petites victoires : son cerveau, sa moelle épinière, ses reins et ses poumons se structurent, il dribble avec son cordon ombilical, il est très réceptif aux caresses et son ouïe se développe ! Vous pouvez commencer à le coacher (même si c'est surtout sa maman qu'il entend).

Votre coéquipière : en ce 2e trimestre, la fatigue et les nausées devraient se calmer, certains maux subsister (reflux, jambes lourdes) et d'autres apparaître (douleurs ligamentaires, troubles du sommeil...). Elle reprend donc du poil de la bête, mais n'est pas non plus au meilleur de sa forme !

C'est le moment de... prévoir une rencontre amicale à l'étranger, mettre à profit son regain d'énergie pour définir votre stratégie de naissance (équipement, préparation à l'accouchement...), interagir avec votre poussin (voir p. 12) et profiter de ces quelques semaines en tête-à-tête avant la rencontre au sommet !

3e trimestre : dernière ligne droite avant le grand soir !

En cette fin de saison, votre petite équipe va sûrement accuser un peu le coup. Et c'est normal ! Courage, plus que quelques semaines avant le coup de sifflet final !

Votre champion : grâce à son système nerveux de plus en plus perfectionné et à sa musculature bien développée, il continue de bouger, il suce son pouce, il cherche à se retourner... jusqu'au moment où il sera trop gros pour performer ! Ce sera alors son objectif : bien grossir et finaliser le développement de son appareil respiratoire pour être prêt pour le jour J. Les temps forts de cette dernière phase de jeu : à 7 mois, ses organes vitaux fonctionnent ; à 8 mois, il se met définitivement en position d'attaque (la tête vers le bas) et produit du surfactant, une substance qui maintiendra ses alvéoles pulmonaires ouvertes après sa première respiration.

Votre coéquipière... fatigue ! Ses maux du 3e trimestre peuvent être particulièrement éreintants (lombalgie, sciatique, retour des vomissements, perte de sommeil), sans parler des contractions, qui vont doucement mais sûrement se faire sentir !

C'est le moment de... la mettre au repos avant l'accouchement ! Pas question qu'elle soit exténuée pour le face-à-face final ! Prenez le relais pour les tâches du quotidien, soutenez-la dans cette dernière ligne droite et rassurez-la : elle va assurer !

Que vais-je transmettre à mon enfant ?

Certes, c'est elle qui va le porter pendant 9 mois et le guider vers la sortie, mais vous n'êtes pas en reste ! La preuve : vous êtes le garant de la moitié du patrimoine génétique de votre enfant. Mais, au final, qui va lui transmettre quoi ?

Gènes, chromosomes, ADN : ça marche comment, tout ça ?
Après la fécondation, le zygote commence sa division cellulaire. En son cœur, un noyau contenant l'ADN se fragmente en 23 paires de chromosomes, chacune constituée d'un chromosome provenant de la mère et d'un chromosome provenant du père. Sur les chromosomes s'expriment quelque 25 000 gènes, qui eux aussi vont par deux, transmis chacun par les futurs papa et maman. Leur rôle : définir les caractères ou participer au bon fonctionnement des autres cellules.

1. J'ai un gros nez (viril). C'est sûr, il ne va pas y échapper !

- Oui, c'est quasi sûr !
- Non, aucune chance !
- Il y a de l'espoir !

2. Le groupe sanguin de notre bébé ? C'est sûr...

- C'est elle.
- C'est moi.
- Ce n'est pas forcément l'un de nous !

3. C'est un garçon ? C'est moi le champion !

- Oui !
- Non !
- Peut-être, mais peu importe tant qu'il est réussi !

4. J'ai les yeux marron et elle a les yeux bleus...

- Je gagne !
- Je perds !
- C'est un peu le loto !

5. Il n'y a aucune maladie génétique dans notre famille : notre bébé est tranquille !

- Évidemment que oui !
- Oh que non !
- C'est plus compliqué qu'il n'y paraît !

6. J'ai une belle voix suave qui n'a rien à envier à George Clooney...

- Il sera crooner, comme moi !
- Il aura peut-être la voix (insupportable) de sa grand-mère !
- Rien de tout cela.

Réponses

1. Réponse : *il y a de l'espoir !*

Certes, vous transmettez chacun à votre enfant la moitié de son patrimoine génétique, mais cela ne veut pas dire qu'il a une chance sur deux d'avoir votre profil affirmé ! La loterie de l'hérédité est bien plus compliquée ! En effet, non seulement il existe des gènes dominants qui tendent à s'imposer (comme la forme du nez ou du lobe de l'oreille), mais certaines caractéristiques des cellules (la couleur de la peau, la couleur des yeux…) sont dues à l'action combinée de plusieurs gènes. Résultat : les caractères héréditaires sont souvent une sorte de compilation génétique de vos parents, mais aussi des générations précédentes.

2. Réponse : *ce n'est même pas forcément l'un des vôtres !*

La transmission du groupe sanguin et du rhésus est, elle aussi, héréditaire. Il y a donc de fortes chances que votre enfant ait le même groupe et rhésus que le vôtre ou que celui de votre compagne… Mais, là encore, l'affaire n'est pas si simple ! Vous êtes perdu ? Jetez un œil au tableau ci-dessous !

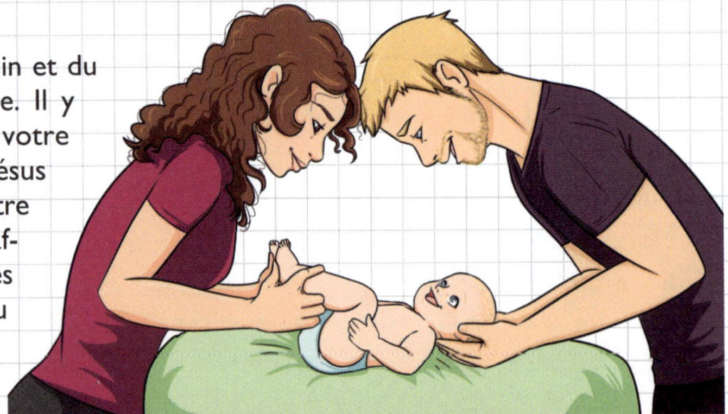

Groupe sanguin	Vous êtes O	Vous êtes A	Vous êtes B
Elle est O	Votre bébé sera O	Votre bébé sera A	Votre bébé sera B
Elle est A	Votre bébé sera A	Votre bébé sera A	Votre bébé sera AB
Elle est B	Votre bébé sera B	Votre bébé sera AB	Votre bébé sera B

3. Réponse : *c'est vous !*

Explication : le sexe du futur bébé est fixé dès la fécondation… et c'est grâce à vous ! En effet, l'ovocyte et le spermatozoïde ont une structure très particulière. Contrairement à toutes les autres cellules du corps, qui ont 46 chromosomes XX pour une femme et 46 chromosomes XY chez un homme, celles-ci n'en ont chacune que 23, qui vont se rassembler en paires lors de la rencontre au sommet. Or, ces 23 chromosomes sont tous identiques sauf le dernier, qui détermine le sexe. Ainsi, votre douce ne peut transmettre qu'un chromosome X (celui de la féminité), alors que vous pouvez transmettre un X ou un Y (pour un garçon).

4. Réponse : *c'est un peu le loto !*

Contrairement à ce qu'on a longtemps cru, la couleur des yeux ne s'exprime pas sur un seul gène, mais sur plusieurs. Il est donc possible que certaines caractéristiques héréditaires refassent surface. Toutefois, un gène reste dominant. Ainsi, si vous avez les yeux marron et votre compagne, les mirettes bleues, il y a tout de même plus de chances que votre enfant hérite de votre regard de braise.

5. Réponse : *c'est (évidemment) plus compliqué qu'il n'y paraît !*

Dans le cas des maladies génétiques, les antécédents familiaux sont un facteur important de risque… mais une absence d'antécédent ne garantit pas que vous ne transmettrez pas une anomalie génétique à votre enfant. En effet, certaines maladies se transmettent via un gène dit récessif (il ne s'active qu'en rencontrant un autre gène de la même nature lors de la conception). Dans ce cas, le père et la mère sont porteurs sains de la maladie, et c'est la rencontre de leurs deux gènes qui va la déclencher chez l'enfant. On parle alors de maladie récessive autosomique. Pour autant, pas de panique ! Si on estime que chaque futur parent a entre 5 et 10 gènes porteurs de ce type de maladie, il est peu probable que vous ayez les mêmes que votre douce, et donc qu'ils se rencontrent.

6. Réponse : *rien de tout cela !*

Le timbre de la voix n'est pas héréditaire. Il fait partie, comme beaucoup d'autres petits détails troublants, de ces ressemblances qui s'acquièrent par mimétisme et identification au parent. Donc, même si ce n'est pas inscrit dans ses gènes, votre bébé sera peut-être le prochain Barry White !

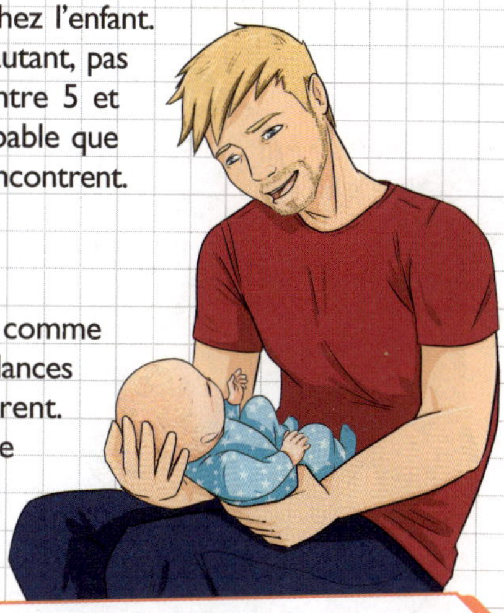

Et la trisomie dans tout ça ?

Dans la famille des maladies génétiques, il existe d'un côté les pathologies dites géniques (comme la mucoviscidose ou l'hémophilie, où le gène est porteur de la maladie) et les anomalies chromosomiques, qui sont des atteintes des chromosomes de deux natures :

- dans le cas des anomalies de nombre (ou aneuploïdies), il existe généralement chez le bébé un chromosome en trop (cas des trisomies 21, 16 ou 18). En partie héréditaires et liées à l'âge de la future maman, ces maladies sont dépistées très tôt pendant la grossesse (voir p. 45) ;
- dans les cas d'anomalies de structure (le chromosome se casse ou échange un de ces éléments avec un autre, par exemple), les troubles peuvent varier en intensité. Mais rassurez-vous, quand ces anomalies sont « équilibrées », elles sont généralement tout à fait compatibles avec la vie et avec un développement normal.

Je communique avec notre bébé !

Faire des gouzi-gouzi la bouche collée au ventre de votre femme ? Rien à faire, ce n'est pas votre truc ! Pourtant, communiquer avec votre bébé avant même sa sortie vous permettrait déjà de vous sentir (un peu plus) papa… Et il suffit de 3 gestes pour y parvenir !

Communiquez : c'est bon pour votre bébé, et pour vous !
Pas de doute : entrer régulièrement en contact avec son bébé pendant la grossesse n'a que du bon ! Pour vous et votre moitié, ces échanges participent à la création du lien avec votre enfant et vous préparent psychologiquement à être parents, une démarche qui est d'autant plus importante que vous vivez cette grossesse de manière un peu déconnectée (normal, vous ne portez pas le bébé) !
Pour votre enfant, ces premières ébauches de lien permettent non seulement de commencer à créer la sécurité affective qui lui sera plus tard nécessaire pour devenir autonome, mais elles favorisent aussi son développement cognitif[1].

Je hausse la voix !

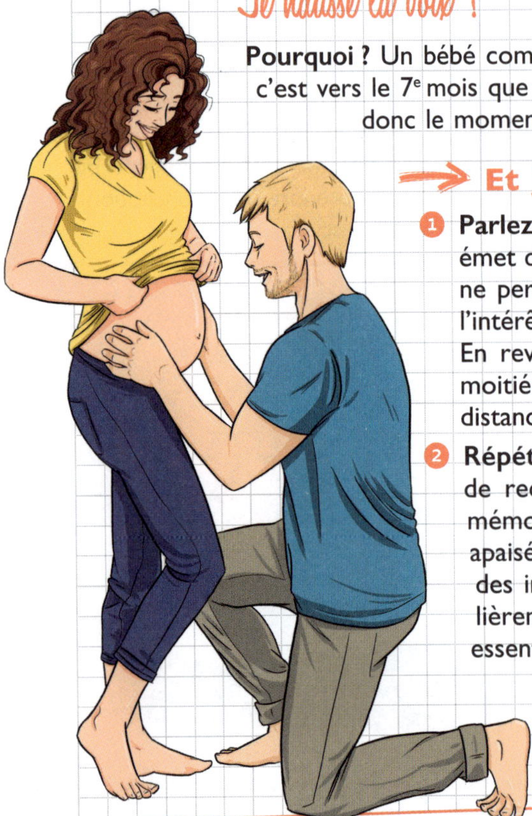

Pourquoi ? Un bébé commence à entendre dès le 4e mois de grossesse, et c'est vers le 7e mois que son audition est complètement développée. C'est donc le moment de lui parler !

Et je fais quoi exactement ?

1. **Parlez-lui comme à votre grand-mère !** Si votre voix émet des sons à hauteur de 60 décibels (dB), le bébé, lui, ne perçoit que 8 à 12 dB (voir encadré ci-contre), d'où l'intérêt de parler bien fort, mais sans crier, évidemment. En revanche, inutile de vous coller au ventre de votre moitié si cela ne vous fait pas rêver. En restant à une distance de 1 ou 2 mètres, il vous entendra !
2. **Répétez, répétez, répétez !** Selon certains travaux de recherche[2], les nouveau-nés auraient une véritable mémoire auditive et seraient ainsi sensibles (et même apaisés) après la naissance par des rythmes, des phrases, des intonations auxquels ils auraient été exposés régulièrement pendant la grossesse. Si ces études portent essentiellement sur la voix de leur maman, vous ne perdez rien à lui répéter tous les jours la liste de courses, une comptine ou la liste des joueurs de l'équipe de France 2018 !

Qu'est-ce qu'il entend là-dedans ?
In utero, le bébé entend une quantité improbable de bruits, qui, étonnamment, le rassurent. Il capte ainsi :
- un bruit de fond maternel généré par le cœur et le transit de votre compagne, ainsi que le bruit du sang qui circule dans le placenta et l'artère du cordon ombilical ; ces sons, qui atteignent tout de même 30 à 60 décibels (dB), sont essentiellement graves ou moyens ;
- la voix de sa mère est celle qu'il entend le mieux (60 dB, elle aussi), car elle lui parvient à la fois par voie aérienne, comme tous les sons, et par voie interne, via ses tissus et son squelette ;
- les sons extérieurs (et donc votre voix) sont entendus dès lors qu'ils atteignent 60 dB.

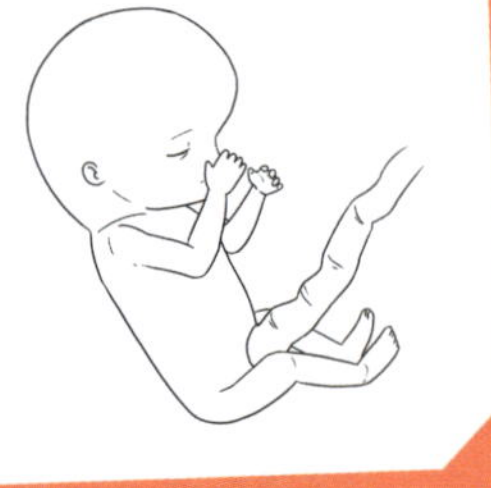

Je lui passe ma playlist !

Pourquoi ? C'est bien connu, la musique adoucit les mœurs… Et ce devrait aussi être le cas pour le bébé, qui, exposé aux mêmes mélodies pendant la grossesse, pourrait bien les apprécier à la sortie… et se calmer[3] ! C'est donc le moment de lui passer de la musique, pour vous éviter plus tard des nuits infernales[4] !

→ Et je fais quoi exactement ?

1. **Je choisis bien mes morceaux !** La préférence de votre enfant ? Les sons graves. C'est donc l'heure de ressortir les vieux vinyles de Leonard Cohen de votre (grand)-père ! Mais n'oubliez pas : misez sur une musique qui ne risque pas de vous lasser. Vous risquez de l'entendre pendant TRÈS longtemps !
2. **Je ne monte pas trop le volume !** Certes, votre bébé n'entend pas tout, mais il n'apprécie pas les agressions sonores. Ainsi, au-delà de 105 dB (le niveau sonore d'une tronçonneuse), il sursaute et son rythme cardiaque s'accélère franchement (de 20 à 30 battements). Votre playlist, oui, mais pas de metalcore !

Je mets la main à la pâte !

Pourquoi ? Le toucher est le premier sens à se développer chez un bébé, dès la 8e semaine de grossesse. Il apprécie d'ailleurs tellement les sensations tactiles qu'il tripote allègrement son cordon ou se frotte contre la paroi de l'utérus.

→ Et je fais quoi exactement ?

1. **Osez !** Tripoter son bidon, partager vos émotions, entrer en communication… Tout cela relève pour vous d'un trip surhormoné de votre moitié ? Tentez, au moins une fois (ou deux), de passer outre vos idées reçues ! Il suffit parfois de mettre vos mains sur son ventre et de faire quelques caresses appuyées pour sentir le bébé bouger. Un hasard ? Non, une réponse à vos sollicitations.
2. **Calez-vous sur son planning !** In utero, le bébé a des phases de repos de 16 et 20 heures par jour, et son pic d'activité est généralement le soir, quand votre douce tente de se poser ! Pour qu'il soit sensible à vos efforts, mieux vaut éviter de venir le titiller quand il dort !
3. **Tentez l'haptonomie !** L'hapto quoi ? Cette méthode de préparation à la naissance est probablement le meilleur moyen de communiquer avec votre bébé. Guidé par une sage-femme ou un thérapeute, ce « toucher affectif » vous permettra de vous mettre en lien avec le bébé en le stimulant par la voix et par le toucher. L'avantage ? Non seulement il appréciera et vous répondra, mais vous aurez une place centrale dans la pratique (pour une fois). Allez, une séance pour essayer ?

Chapitre 2

Notre santé

Pendant les mois à venir, votre douce va devoir complètement repenser son mode de vie et ses (mauvaises) petites habitudes, se préserver de tout ce qui pourrait représenter une source de toxicité et, globalement, faire ultra-attention à sa santé… Et si vous en profitiez pour en faire autant ?

Mon programme santé pour une grossesse en pleine forme

Votre santé ? Elle n'a rien à envier à votre high score à Super Mario : à vos yeux, elle est nickel ! Et pourtant, vos petits (ou grands) maux pourraient avoir une incidence sur la forme de votre moitié et sur le développement du bébé, d'où l'intérêt de vous offrir un petit bilan assez rapidement ! Au programme…

Pendant sa grossesse, je vais chez le médecin à l'œil… ou presque !
C'est écrit en tout petit dans le carnet de suivi qu'on lui a donné à sa première visite à la maternité ! Jusqu'à la fin de son 4e mois, vous avez droit à « un examen de santé complet, accompagné de tous les examens de laboratoire, sérologiques (VIH, par exemple), hématologiques ou autres, jugés nécessaires »… Le tout pris en charge à 100 % par la Sécurité sociale ! Alors, c'était quand votre dernier rendez-vous chez le médecin ?

1. Je fais dépister toutes les MST !

Côté fidélité, vous êtes irréprochable, certes, mais cela n'empêchera pas votre praticien de rechercher les maladies contagieuses que vous auriez pu contracter et plus particulièrement le VIH, les chlamydiae, l'herpès génital, la syphilis ou encore une hépatite. Et pour cause : si vous deviez les transmettre à votre compagne, ces infections pourraient avoir de graves répercussions sur sa gestation. Autant les éviter !

2. Je mets à jour mes vaccins !

Oui, oui, vous vous êtes fait vacciner… il y a 15 ans ! Pourtant, il est, là encore, important que vos injections soient à jour pour protéger votre moitié et le futur bébé. Un bilan s'impose donc.

Votre praticien profitera aussi sûrement de votre rendez-vous pour vous proposer de vous faire vacciner contre la grippe si votre douce est enceinte en hiver. L'objectif : éviter la forte fièvre et les risques de complications (détresse respiratoire, etc.) associées aux formes sévères du virus. À noter : vous (comme elle) êtes évidemment libre de dire non !

Le conseil en plus

Vous avez perdu votre carnet de vaccination ? Avant votre rendez-vous, passez un coup de fil à vos parents ! Ils pourront sûrement vous indiquer contre quelles maladies vous avez été vacciné et vous rappeler d'éventuels antécédents familiaux de santé.

Vaccins, suis-je à jour dans mes rappels ?

Le calendrier vaccinal 2018 recommande d'effectuer :

- un rappel contre la diphtérie, le tétanos, la poliomyélite et la coqueluche (DTPc) à 25 ans ou seulement contre la diphtérie, le tétanos et la polio (DTP) si le précédent rappel DTPc date de moins de 5 ans (puis un rappel DTP à 45 ans) ;
- une vaccination contre les méningites à méningocoques C avant 24 ans si la vaccination n'a pas été faite durant l'enfance ;
- plus particulièrement en cas de grossesse, la vaccination contre la coqueluche si vous n'avez pas été vacciné au cours des 10 dernières années.

Plus d'infos sur www.vaccination-info-service.fr

3. Je fais le point sur mes antécédents médicaux

Des problèmes significatifs de santé dans votre branche de la famille, des maladies génétiques… Même si vous avez déjà abordé ces questions avec votre douce dans le cadre de son suivi, votre bilan peut être l'occasion d'y revenir plus en détail et de répondre à vos questions. C'est le moment d'en parler !

4. Je vérifie mon rhésus sanguin !

Ne le prenez pas personnellement, mais la première question que vous posera votre médecin lors de votre bilan (ou le premier rendez-vous de votre moitié) portera rarement sur votre forme du moment… mais sur votre rhésus sanguin. L'objectif : déterminer si votre bébé est à risque d'une incompatibilité rhésus. Vous avez égaré votre carte de groupe sanguin avec votre carnet de vaccination ? Un examen sanguin vous sera prescrit par votre praticien !

L'incompatibilité rhésus, c'est quoi au juste ?

Si vous êtes rhésus positif et que votre chère et tendre est rhésus négatif, il est possible que votre futur bébé hérite de votre patrimoine sanguin et qu'il y ait donc une incompatibilité rhésus avec votre compagne. Le risque : si leurs deux réseaux sanguins sont en contact, votre douce peut développer des anticorps anti-rhésus (les fameuses agglutinines) qui peuvent provoquer, chez votre bébé, une anémie potentiellement grave. Heureusement, leurs deux réseaux sont complètement indépendants. La situation est donc potentiellement problématique dans deux cas seulement…

1. Pendant sa première grossesse, si votre femme subit un choc, un trauma, une intervention médicale qui n'évolue pas comme escompté. Un traitement ciblé lui sera alors proposé.
2. Lors d'une grossesse ultérieure. En effet, lors du 1er accouchement, la rupture du placenta occasionne le passage d'une petite partie du sang de bébé dans le réseau sanguin maternel. Dès lors, les fameux anticorps anti-rhésus se forment… et pourront poser problème si votre douce retombait enceinte d'un bébé de rhésus positif. Heureusement, elle bénéficiera rapidement de la vaccination anti-rhésus+, qui vous épargnera bien des soucis !

5. Je modifie mon hygiène de vie !

Vous fumez ou aimez prendre l'apéro (un peu trop) ? Vous vous accordez un joint de temps en temps ? Toutes ces pratiques sont à éviter pendant la grossesse, ne serait-ce que pour éviter de la tenter. C'est (aussi) le moment d'en parler avec votre médecin !

Et si j'en profitais pour arrêter ?

Jusqu'ici vous ne faisiez pas plus attention à vos (petites) mauvaises habitudes qu'à sa nouvelle coupe à la sortie de chez le coiffeur. Mais voilà, maintenant qu'elle est enceinte, votre moitié va devoir mettre le holà sur le tabac, les apéros sympas et les excès au moment de repas (notamment). Et si vous faisiez preuve de solidarité ?

Tabac : j'en finis avec les excuses fumeuses !

Pourquoi j'arrête ?

- **Pour vous :** cancers, maladies cardio-vasculaires, bronchites, eczéma, psoriasis, infections ORL et dentaires… Vous le savez, le tabagisme présente d'abord des risques pour votre santé !
- **Pour elle** : pendant la grossesse, la cigarette peut favoriser des risques majeurs de complications, mais aussi un retard de croissance in utero, certaines malformations chez le fœtus et des troubles respiratoires et ORL après naissance… Et les risques persistent en cas de tabagisme passif.

Votre objectif : en avoir fini avec la cigarette (idéalement) avant la fin du 1er trimestre.

Allez, on s'y met (tous les deux !) et on tente de...

- **consulter une sage-femme tabacologue :** pris en charge par la Sécurité sociale, ce rendez-vous permettra à votre moitié d'avoir des conseils adaptés à sa grossesse… Et vous êtes convié ! L'alternative : appelez Tabac Info Service au **3989** ou télécharger l'appli.
- **lire !** *Méthode simple pour en finir avec la cigarette,* d'Allen Carr (Pocket). Au mieux, ça marche ; au pire, vous aurez bouquiné…
- **tenter les compléments nicotiniques, la cigarette électronique,** sur les conseils d'un praticien… Attention, pour elle, pas question de vapoter, faute de recul sur la pratique.
- **suivre son exemple !** Sa sage-femme lui conseille la phytothérapie ou l'homéopathie ? Vous n'avez rien à perdre à les tenter avec elle.

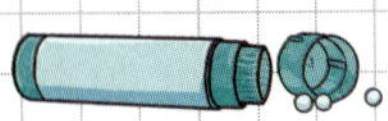

Et si vous n'avez peur de rien… Sachez que l'acupuncture, l'auriculothérapie, l'hypnose ou encore la sophrologie peuvent vous aider, tout comme les groupes de parole de fumeurs souvent organisés dans les hôpitaux. Renseignez-vous !

Alcool : j'évite de la saouler en sirotant mes bières

Pourquoi j'arrête ?

- **Pour vous :** certes, ce n'est pas la pinte (ou deux) du match France-Irlande qui va miner votre santé. À long terme, pourtant, la consommation régulière d'alcool peut favoriser l'apparition d'une cirrhose, de troubles cardio-vasculaires, de l'attention, de la concentration, de la mémoire… et de certains cancers.
- **Pour elle :** c'est le risque du syndrome d'alcoolisation fœtale et ses corollaires (déformation du visage, retards de croissance et du développement intellectuel chez le fœtus), mais aussi de complications (fausse couche, naissance prématurée). Problème majeur : on ne sait pas en dessous de quel seuil la consommation d'alcool est sans risque.

Allez, on s'y met (tous les deux !) et on tente de...

- **s'abstenir…** Plus facile à dire qu'à faire et dans votre cas, conserver la consommation (raisonnable) d'alcool aux moments où elle n'est pas là. Elle sera sûrement déjà (un peu, très, vraiment) frustrée, inutile qu'elle se sente, en plus, narguée.
- **se faire plaisir autrement :** mojito sans rhum, Pacific® plutôt que Pastis®, Panach'® plutôt que bière, voire champagne et vin sans alcool (voir encadré ci-contre)… Il existe désormais de bonnes alternatives 0°, à tenter lors de l'apéro ou du dîner. Accompagnez-la !

À l'heure de l'apéro, quelques bons plans pour remplacer…
- Le vin : www.vin-sans-alcool.com ou www.vinadeis.com
- Le champagne : www.sojennie.paris.com
- Le whisky : Whissin ou Glen Haggis (www.glenhaggis.com)
- La margarita, le mojito, le gin : www.arkay.fr

Et pour piocher des bonnes idées : www.sans-alcool.fr

- **se faire aider :** si freiner votre consommation d'alcool pose vraiment problème, parlez-en à votre praticien ou tournez-vous vers Alcool Info Service (www.alcool-info-service.fr ou 0 980 980 930).

Café : j'arrête de m'exciter

Pourquoi je lève le pied ?

- **Pour vous :** quand il est surconsommé, le café peut favoriser, chez certaines personnes, les accidents cardio-vasculaires… sans oublier les troubles du sommeil !
- **Pour elle :** le café n'est pas interdit, mais à réduire significativement. Pourquoi ? Non seulement il accentue certains de ses maux (nuit perturbées, reflux…), mais une surconsommation peut avoir, selon différentes études, des effets sur le bébé (petit poids de naissance[6], risque accru de surpoids[7]). Résultat : il est recommandé de ne pas dépasser 2 ou 3 tasses de café par jour (soit 300 mg de caféine, max.)

→ Allez, on s'y met (tous les deux !) et on tente de…

- **se mettre à l'heure italienne !** Mieux vaut boire un expresso bien tassé (45 à 75 mg de caféine) qu'un café long très délayé avec ses 50 à 100 mg de caféine.
- **se passer des sodas et des boissons énergétiques,** blindés de caféine et de sucre !

Sucres raffinés : je passe à une alimentation plus subtile

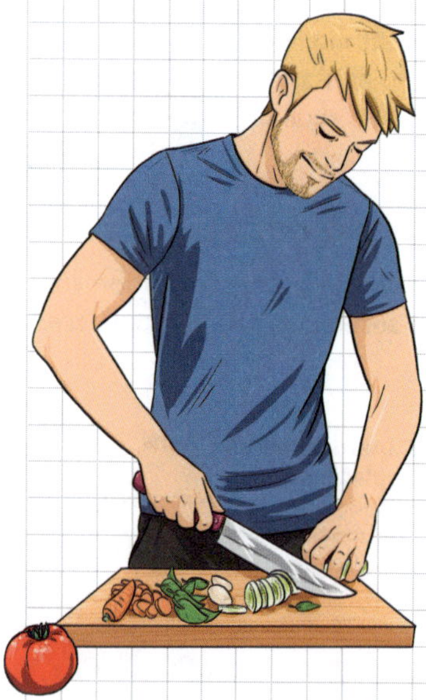

Pourquoi je lève le pied ?

Pour vous comme pour elle, les plats industriels comportent peu d'intérêt nutritionnel, sont blindés d'additifs (voir p. 19) et viennent souvent dans des emballages saturés de substances toxiques.

→ Allez, on s'y met (tous les deux !) et on tente de…

- **cuisiner au maximum** pour savoir ce que vous mettez réellement dans votre assiette !
- **faire le tri dans les surgelés !** À privilégier : les produits bruts simplement découpés (brocolis, épinards, fruits…) ou les produits préparés (cuits par exemple) mais sans additifs. À bannir : les plats cuisinés.
- **ne jamais réchauffer un surgelé dans son emballage** (surtout s'il est en plastique), la chaleur favorisant la propagation des substances toxiques.

Je nous offre un nouvel environnement (sain)

Perturbateurs endocriniens, phtalates, retardateurs de flamme… Jusqu'ici, la question de la pollution intérieure de votre logement vous intéressait peu, voire pas du tout. Mais voilà, pendant sa grossesse, votre moitié est particulièrement sensible à toutes les substances nocives de son environnement. Il va donc falloir faire le tri où que vous soyez !

Substances toxiques : c'est quoi les risques (en vrai) ?
Impossible de faire une liste exhaustive des effets de ces polluants usuels sans tourner de l'œil. Toutefois, il est désormais vérifié que certaines substances sont irritantes ou allergisantes (formaldéhyde, parfums, MIT…), d'autres neurotoxiques (métaux lourds, type plomb, cadmium), voire cancérigènes (formaldéhyde, éthers de glycol) ou ayant des atteintes sur le système nerveux central, le système sanguin ou la fertilité (comme les phtalates, entre autres). Plus concernant encore pendant la grossesse : les perturbateurs endocriniens. Ces substances qui viennent perturber le système hormonal sont soupçonnées d'avoir des incidences sur les futurs bébés, et notamment de favoriser les cryptorchidies (testicules qui ne descendent pas) ou la puberté précoce, voire certains troubles émotionnels, relationnels, et l'hyperactivité[8]. Sans compter qu'une exposition aujourd'hui pourrait avoir une incidence sur vos enfants… mais aussi les générations suivantes[9] !

Dans la chambre du bébé

Le problème : dans une chambre, on peut trouver jusqu'à 300 composés organiques volatils (COV) qui véhiculent diverses substances polluantes. Résultat : l'air de votre maison est plus pollué que l'air extérieur… Et à chaque fois que vous ouvrez une boîte de peinture, un produit d'entretien ou que vous montez un meuble, la présence de ces produits composés dans l'air est démultipliée.

→ Vos solutions

- **Commencez les travaux et montez les meubles au moins 3 mois avant la naissance,** pour qu'ils aient le temps de dégazer.
- **Faites chasse gardée sur la zone de travaux :** votre moitié voudra sûrement vous prêter main-forte… au risque de s'exposer directement à ces substances. Mettez-la (gentiment) à la porte !
- **Aérez la chambre** 10 minutes deux fois par jour.
- **Faites attention à vos achats** en respectant le petit tableau suivant !

J'évite...	Car...	Je remplace par...
les peintures, les vernis et les colles conventionnelles	ils contiennent des hydrocarbures aromatiques, des aldéhydes, des solvants, du PVC, des phtalates...	une peinture bio, saine, labellisée NF Environnement, écolabel européen, Ange Bleu, NaturePlus, GUT
de lui installer un sol en PVC stratifié ou en caoutchouc synthétique avec couche de PVC, une moquette, un parquet laminé...	le PVC contient des phtalates, la moquette en coton des traces de pesticides et les parquets laminés dégagent notamment du formaldéhyde.	un bon vieux carrelage ou, si vous tenez au parquet, un bois provenant d'Europe. Quelques alternatives plus saines : le bambou, le véritable linoléum, le liège, le caoutchouc naturel ; idéalement, des produits labellisés FSC et GUT.
les meubles en bois contre-plaqué ou aggloméré	ils dégagent (notamment) du formaldéhyde !	des meubles d'occasion (s'ils sont sécurisés) ou en bois bruts ; si vous optez pour de l'aggloméré, privilégiez des meubles faits en France de la classe E1 et les normes NF Environnement, NF Ameublement et NF Exigence ou PEFC... Sans oublier l'Écolabel européen ou les labels FSC ou l'Ange Bleu.
les rideaux, les textiles d'intérieur et les matelas non labellisés.	ils sont traités (anti-acariens, teintures, ignifugation...)	des stores et un matelas en matière naturelle (bambou, laine, coton...) et comportant au moins un label (Écolabel européen, Oeko-Tex® Standard 100, QUL...).

Dans la cuisine... et la buanderie

Le problème : les aliments issus de l'agriculture conventionnelle vous exposent aux pesticides (entre autres), les additifs alimentaires (colorants, conservateurs, acidifiants, exhausteurs de goût) sont parfois présents sous forme de nanoparticules qui peuvent atteindre le fœtus, et les produits ménagers classiques sont des véritables concentrés de substances toxiques.

Vos solutions

- **Privilégiez toujours les aliments bio** en repérant les labels AB, Nature et Progrès, Feuille Euro (label bio européen), Ecocert...
- **Limitez au maximum les additifs** même s'il est impossible de vous en débarrasser complètement. Pour y parvenir, évitez simplement les produits transformés industriels et surveillez toutes les mentions commençant par E et suivies d'un chiffre sur les étiquettes.
- **Faites attention à vos achats** en respectant le petit tableau suivant !

J'évite…	Car…	Je remplace par…
les bouteilles et les contenants en plastique	 certains d'entre eux contiennent du bisphénol A.	des bouteilles et des contenants en verre. Si vous ne pouvez pas vous passer du plastique, regardez le fond de l'objet. Un chiffre de 1 à 7 y figure dans un triangle, indiquant sa composition. Pour des plastiques *safe*, privilégiez les catégories, 2, 4 et 5.
les conserves en métal	Elles sont tapissées de vernis, de résine ou de plastique qui peuvent diffuser des substances louches.	des conserves en verre
les poêles ayant un revêtement antiadhésif 	ils contiennent des dérivés fluorés (PTFE ou PFOA), qui sont des perturbateurs endocriniens pouvant contaminer les aliments si la chaleur du récipient dépasse les 230 °C.	les casseroles en inox 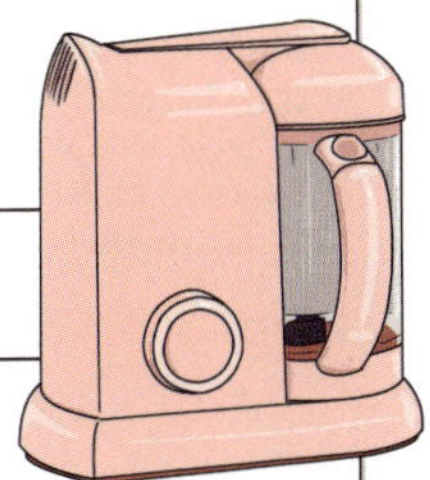
les moules en silicone	ils peuvent contenir des phtalates.	des plats en verre !
les robots de cuisine en plastique	ils peuvent contenir du BPA… même celui de votre bébé !	de bons vieux robots en inox
tous vos produits d'entretien et votre lessive usuels	ils sont truffés de produits toxiques…	le bicarbonate de soude pour dégraisser, la terre de Sommières pour détacher, le vinaigre blanc pour nettoyer les vitres et le carrelage, le savon noir pour entretenir les sols, le savon de Marseille liquide pour laver le linge…

Dans les pièces de vie…

Le problème : entre la box wifi qui émet des ondes électromagnétiques, les produits ménagers qui sont de véritables cocktails toxiques et certains petits éléments de déco moins inoffensifs qu'on ne pourrait le croire, vous n'êtes malheureusement pas tiré d'affaire !

Les solutions

- **Faites une détox de wifi !** L'exposition prolongée aux ondes électromagnétiques favoriserait non seulement des troubles de la concentration et du sommeil, mais aussi certaines tumeurs cérébrales et leucémies… Et là encore, votre moitié est ultra-sensible. Les bons réflexes : déconnecter votre box wifi quand vous ne l'utilisez pas, éviter de prendre votre ordinateur sur les genoux…
- **Revenez à un intérieur plus viril !** Elle vous embrume avec ses bougies parfumées et son encens ? Faites-les disparaître : les premières dégagent du formaldéhyde, le second des hydrocarbures comme le benzène.
- **Offrez-lui des fleurs,** ou plutôt des plantes pour neutraliser certaines substances toxiques. Votre bouquet de choix : le chrysanthème, pour lutter contre certains solvants des peintures, le ficus, le philodendron ou le figuier pleureur contre le formaldéhyde…

Dans la salle de bains, laissez-lui la main !
Entre les parabènes, le MIT, le triclosan, l'alcool, les parfums et les émulsifiants, les cosmétiques sont aussi de grands pollueurs. Aussi pieuses que soient vos intentions, laissez-la faire elle-même le tri sur ses étagères. De votre côté, investissez dans un dentifrice bio, rangez votre gel douche au profit d'un savon saponifié à froid ou bio surgras et utilisez un shampooing sans silicone et sans sulfates. Vous aurez déjà bien bossé !

Chapitre 3

Son bien-être…

Pendant les quelques semaines et mois à venir, les mots doux habituels de votre moitié seront sûrement remplacés par une complainte qui risque de s'éterniser. Votre mission si vous l'acceptez : être zen, patient et apaisant !

Je soulage ses petits maux

Entre ses nausées, ses jambes lourdes et son estomac en feu, elle a le moral au fond des chaussettes ? Redonnez-lui le sourire en adaptant ces quelques gestes ultra simples.

Elle n'en finit pas d'avoir des nausées

Mais pourquoi ? Au cours des 8 premières semaines de sa grossesse, le taux d'hormone β-HCG (voir p. 42) augmente pour favoriser l'installation de votre futur bébé et avec lui, les nausées.

Vous devriez en être débarrassé… vers 3 mois !

Je n'hésite pas à…

- ✔ lui apporter le petit dej' au lit : Non seulement vous gagnerez des points, mais vous l'accompagnerez au pire moment de la journée. Lorsque son estomac est vide, ses nausées sont décuplées !
- ✔ lui épargner les mauvaises odeurs, qui boostent les nausées. Comment ? Limitez les soins et le parfum le matin, prenez la main au moment de faire le ménage, descendez la poubelle…
- ✔ faire la cuisine (ou gagnez des points de fidélité sur Deliveroo, Alloresto, Ubereats), question là encore de lui éviter les fumets gênants.
- ✔ lui préparer un en-cas à l'heure du coucher avec une barre de céréales, une biscotte ou un ou deux biscuits peu sucrés ainsi qu'un thermos de tisane à base de feuilles de menthe fraîche, gingembre râpé et une cuillerée à café de miel.

J'évite de…

- ✗ lui faire des petits cafés.
- ✗ commander de l'indien ou de cuisiner trop gras, trop salé, trop épicé.
- ✗ lui faire remarquer qu'elle passe sa journée à manger : pour faire passer les nausées, l'idéal reste des repas fractionnés (5 petits repas par jour au lieu de 3 gros).

Ma liste de courses anti-nausées

- Le gingembre (confit, râpé, infusé…)
- Le citron
- La menthe
- Glucides et céréales : pain, riz, pâtes (toujours complets)
- Aliments riches en zinc et en vitamine B6 : blanc de volaille, brocoli, escalopes de veau, jambon blanc, germes de blé…
- Les aliments anisés : fenouil, aneth, anis

Elle est super ballonnée

Mais pourquoi ? Les hormones (encore elles) rendent ses muscles lisses (dont ceux de ses intestins) paresseux. Résultat : elle est souvent constipée, même si elle a la décence de ne pas (trop) vous l'avouer.

Vous devriez en être débarrassé… à la naissance seulement !

Je n'hésite pas à…

- ✔ revoir les menus ! Exit les aliments qui constipent (sucres rapides, féculents…), bonjour les fibres !
- ✔ lui préparer un verre. Une orange pressée ou un jus de pruneaux, et banco !
- ✔ lui proposer une balade digestive : rien de tel que l'activité physique pour relancer le transit.

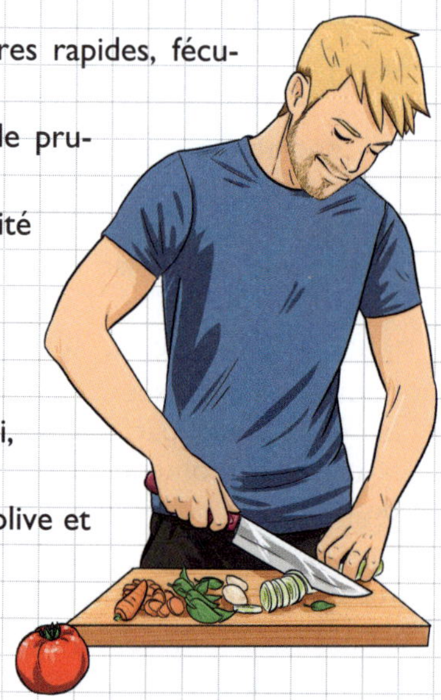

Ma liste de courses anti-constipation

- les fruits et légumes riches en fibres : lentilles, petits pois, pois chiches, tomates, navets, poireaux, fenouil, céleri, épinards, pommes, cassis…
- les aliments sources de « bonnes » graisses : les huiles d'olive et de colza, les noix, les amandes…
- les trucs bizarres dont on ne parle que dans les magazines féminins : les graines de chia, de lin…
- l'eau fortement minéralisée, type Hépar®

Elle a l'estomac en vrac…

Mais pourquoi ? Sous l'effet des hormones de grossesse (toujours et encore), le cardia, la valvule entre l'estomac et l'œsophage, perd en tonus… et n'empêche plus aussi bien les remontées gastriques. Résultat : elle a l'estomac qui brûle en permanence !

Vous devriez en être débarrassé… à la naissance, et le phénomène peut empirer en fin de grossesse à cause de la taille du bébé.

Je n'hésite pas à…

- ✔ lui offrir des petits plats light ! Au menu : grillades, légumes vapeur et bouillons !
- ✔ faire durer les repas en amoureux : plus elle mangera lentement, moins elle aura de reflux.
- ✔ la border le soir. En surélevant son coussin pour qu'elle s'installe en position semi-assise, vous participerez à ses bonnes nuits (et aux vôtres aussi !).
- ✔ lui faire plaisir ! Le stress favorise les brûlures d'estomac. C'est le moment d'être zen à deux !

J'évite…

- ✘ la raclette, la fondue… et globalement tous les plats trop gras et trop épicés, difficiles à digérer.
- ✘ les aliments qui fermentent (choux, haricots…), pour les mêmes raisons.
- ✘ les excitants (thé, café).

Ma liste de courses anti-reflux

- les herbes apaisantes : la menthe poivrée, la mélisse, le basilic
- le gingembre
- la cardamome (une épice à cabosse prisée dans la cuisine indienne)
- les viandes blanches (faciles à digérer)

… et le dos aussi !

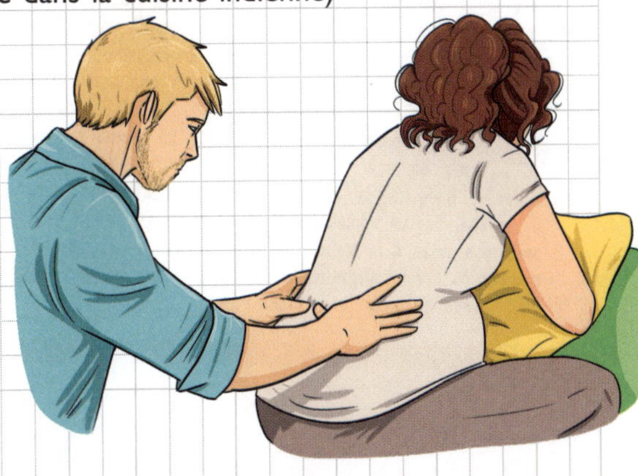

Mais pourquoi ? Entre le bébé qui grandit et la prise de poids de votre moitié, sa physionomie change. Sa cambrure s'accentue et les douleurs aux lombaires apparaissent.

Vous devriez en être débarrassé… à la naissance seulement !

Je n'hésite pas à...

- ✔ la sermonner (avec diplomatie) ! Elle court partout, elle fait des trajets de fou... Si elle a mal au dos, c'est qu'il est temps pour elle de lever le pied.
- ✔ la masser (voir p. 31).

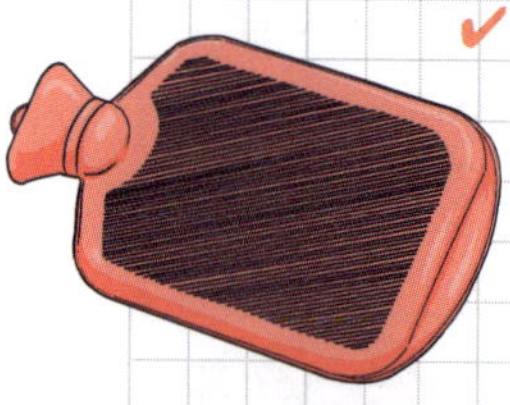

- ✔ être galant. Porter son sac, limiter ses déplacements (même insignifiants...) : autant de petits gestes qui peuvent préserver son dos (et vos soirées) !
- ✔ la materner ! Préparez-lui une bouillotte ou un coussin chauffant à caler sur la zone douloureuse au coucher.

Elle a les jambes lourdes, très lourdes...

Pourquoi ? Avec les hormones de la grossesse et, en fin de grossesse, l'utérus qui appuie sur la veine cave inférieure, le réseau veineux s'altère... et la circulation sanguine se fait moins bien.

Vous devriez en être débarrassé... après la naissance (et encore !)

Je n'hésite pas à...

- ✔ l'accompagner à la piscine (ou au moins en balade) : l'exercice physique est idéal pour relancer l'afflux sanguin.
- ✔ la faire boire ! De l'eau, toujours de l'eau, encore de l'eau : au moins 2 litres par jour !
- ✔ la masser (toujours et encore) !
- ✔ l'aider à enfiler ses bas de contention... Vous serez surpris, cela peut être sexy (et surtout extrêmement utile) !

J'évite : les vacances au soleil, les jacuzzis et généralement tout ce qui est chaud !

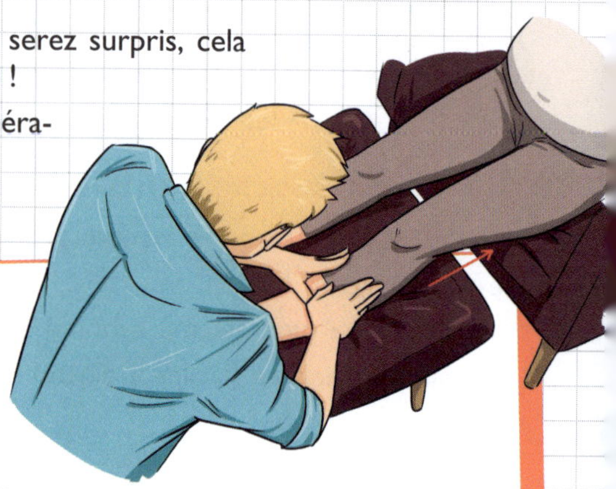

Elle est alitée : qu'est-ce que je fais ?
Si elle est concernée par certains risques de complications (comme la menace d'accouchement prématuré), votre moitié risque d'être contrainte à rester couchée... Une période contraignante, stressante et souvent déprimante qui va vous demander, à vous aussi, un peu d'adaptation. Veillez ainsi à :

- lui préparer son petit coin avant de partir au bureau pour qu'elle ait à portée de main ses téléphone, chargeur, tablette, ordi, numéros d'urgence, bouquins, sac à main ; goûters, bouteille d'eau, mouchoirs, trousse de toilette, bas de contention et médicaments (si besoin est).
- prendre le relais à la maison : qui dit grossesse alitée dit interdit de cuisiner, de ranger, de gambader pour récupérer les aînés.
- changer les idées ! Organisez-lui un massage à domicile, demandez à ses amies de passer, prenez des RTT... tout est bon pour qu'elle ne broie pas du noir !

Ma liste de courses autorisée… ou non !

Que vous soyez le futur Yannick Alléno ou un néophyte aux fourneaux, remplir le frigo risque de devenir, dans les semaines à venir, votre boulot ! D'où l'intérêt de comprendre enfin, ce que vous pouvez mitonner et ce à quoi elle n'a pas droit de toucher !

Toxoplasmose, salmonellose, listériose : de quoi s'agit-il ?

Au cours de sa grossesse, votre moitié est à risque de contracter des infections parfois graves pour le développement du bébé, qui nécessitent surtout d'adapter ses habitudes alimentaires, à savoir…

- La toxoplasmose (si elle n'est pas immunisée) : dépistée chaque mois, cette infection est due à un parasite hôte du chat (*Toxoplasma gondii*). Il se propage ensuite sur les animaux, fruits et légumes en contact les sols contaminés par le félin et peut se transmettre à l'homme via l'alimentation.
- La listériose est provoquée par une bactérie, *Listeria monocytogenes*, généralement retrouvée dans les fromages au lait cru ou mal pasteurisés et certaines charcuteries (à la coupe).
- La salmonellose est également une infection d'origine bactérienne (les salmonelles) que l'on contracte surtout via certaines viandes et, plus particulièrement, les œufs crus.

À noter : au-delà de ces risques de contamination, certains produits sont déconseillés (notamment certains poissons) pour d'autres raisons. Sinon, ce serait trop simple !

Dans la famille des…	J'achète / Je mets au menu	Je reporte à dans 9 mois
Viandes	• les volailles (poulet, dinde) • le porc (jambon cuit, filet mignon, tout sauf la charcut') • le bœuf (tous les morceaux bien cuits) • le lapin • l'agneau	• le foie gras mi-cuit • les carpaccios, les tartares, toutes les viandes crues • le gibier • la charcuterie (jambon cru ou fumé, pâtés, rillettes…) 
Poissons 	• les poissons bleus ou blancs : sardine, hareng, cabillaud… • les coquillages et les fruits de mer (CUITS et uniquement si vous pouvez vérifier leur provenance)	• tous les poissons crus (tartare, ceviche, huîtres) • les poissons fumés (truite, saumon) • les poissons d'eau profonde et certains poissons prédateurs (espadon, marlin, requin…)
Œufs	tous les œufs bien cuits : en omelette, brouillés, durs, mimosa. 	• les œufs peu cuits : mollet, au plat, • les préparations à base d'œuf cru : mousse au chocolat, mayonnaise maison…

Dans la famille des...	J'achète / Je mets au menu	Je reporte à dans 9 mois
Fromages	• les fromages à pâte pressée cuite : abondance, beaufort, comté, emmental, gruyère, parmesan… • les fromages frais et à tartiner (Kiri®, St Môret®, Philadelphia®…)	• les fromages à pâte molle et à croûte fleurie (camembert, brie…) • les fromages à croûte lavée (munster, pont-l'évêque), • les fromages au lait cru • les râpés industriels
Boissons	• eau • tisane • jus peu sucrés	• les alcools • les boissons très sucrées (sodas, jus de fruits industriels, sirops) • le thé, le café et toutes les boissons énergisantes

LA MAISON des MATERNELLES

Les bons gestes pour éviter la toxo ?
Les conseils de la Maison des Maternelles

Elle n'est pas immunisée contre la toxo ? N'oubliez pas de…

- bien vous laver les mains quand vous lui préparez un petit plat (en ne négligeant pas la zone sous les ongles).
- nettoyer tous les fruits et légumes avant de les rincer au vinaigre blanc.
- faire (sur)cuire la viande.
- couvrir les aliments stockés dans le frigo.
- nettoyer le réfrigérateur régulièrement.
- prendre le relais pour changer la litière du chat.

Et maintenant, je lui prépare quoi ?

C'est décidé, vous allez jouer au marmiton jusqu'à la naissance du bébé (de temps en temps du moins) ? Reste à trouver un peu d'inspiration ! Au menu : des plats ultra faciles à préparer et adaptés à son état de santé !

Pour apaiser ses nausées : un poulet aux saveurs asiatiques !

Pourquoi ça lui fait du bien ? Le brocoli, le gingembre, le poulet, le citron sont tous des aliments reconnus pour limiter les haut-le-cœur… Et en plus, c'est léger.

Niveau : (archi)débutant

Temps de préparation : 30 minutes (si vous êtes lent)

Les ingrédients pour 2 personnes

- 2 blancs de poulet
- 2 têtes de brocoli
- 150 g de riz complet
- 10 cl d'eau
- 1 gousse d'ail
- 1 c. à s. de miel
- 3 c. à s. de sauce soja
- du gingembre râpé (à doser selon votre goût)
- 1 c. à s. de sésame grillé
- 1 citron jaune ou 2 citrons verts
- 1 c. à s. d'huile d'olive, sel, poivre

La recette

1. Coupez les brocolis en séparant les fleurs de la tige. Placez les fleurs dans une casserole d'eau bouillante et faites-les cuire 5 minutes, puis plongez-les aussitôt dans l'eau froide égouttez-les.
2. Épluchez la gousse d'ail, coupez-la en deux et enlevez le germe, puis coupez-la en tout petits morceaux. Épluchez le gingembre et râpez-le, en veillant à bien recueillir le jus. Mélangez l'eau, l'ail, le iel, le gingembre, la sauce soja et le jus des citrons dans un petit bol.
3. Faites cuire le riz complet : portez de l'eau à ébullition, jetez-y le riz et laissez-le cuire le temps indiqué sur l'emballage.
4. Coupez le poulet en morceaux. Faites chauffer l'huile dans une poêle à feu vif et faites colorer le poulet en remuant régulièrement.
5. Ajoutez le mélange eau, citron, soja & co au poulet, baissez le feu et laissez mijoter pendant 4 à 5 minutes. Vérifiez que le poulet est bien cuit, débarrassez et réservez.
6. Faites revenir le brocoli dans la sauce du poulet le temps de le réchauffer.
7. Répartissez le poulet, le brocoli et le riz sur les assiettes, saupoudrez de quelques graines de sésame, poivrez, salez… Et voilà !

Pour lui redonner de l'énergie… un buddha bowl quinoa et patate douce

Pourquoi ça lui fait du bien ? Certes, ce n'est pas ce que vous auriez préparé pour vous (du moins sans entrecôte), mais les légumineuses, les céréales, les noix et les féculents sont parfaits pour lui éviter de somnoler toute la journée.

Niveau : cuisinier motivé mais pas hyper doué

Temps de préparation : 1 heure et des brouettes

Le *buddha bowl*, c'est quoi ?
Pour les adeptes des #healthyfood, c'est un plat végétarien complet qui tient en un bol et qui tire son nom du ventre repu du Bouddha. Pour vous, c'est l'occasion de lui en mettre plein la vue avec votre *hype* gastronomique, et surtout un bon moyen d'aligner dans un bol tous les aliments que vous aurez cuits sans vous poser d'autres questions.

Buddha bowl quinoa et patate douce

Les ingrédients pour 2 personnes

- 1 tasse de quinoa
- 1 poignée de salade (mesclun, roquette, épinards)
- quelques amandes
- 1 patate douce

Pour les pois chiches

- 1 petite boîte de pois chiches
- 1 c. à s. d'huile d'olive
- 1 peu de cumin et de cannelle

Pour la sauce

- 1 yaourt à la grecque
- le jus d'un petit citron
- 1 c. à c. de miel
- 1 c. à c. de sésame (selon son goût)

La recette

1. Commencez par les pois chiches. Préchauffer le four à 160 °C. Ouvrez la boîte de pois chiches, égouttez-les et séchez-les rapidement à l'aide d'un torchon. Mélangez-les avec l'huile d'olive et les épices, enfournez et laissez cuire pendant 25 minutes.
2. Enchaînez avec la patate douce (pendant que les pois chiches cuisent). Pelez-la et coupez-la en gros dés. Mélangez-les à l'huile et aux épices, puis faites-les sauter dans une poêle pendant 25 minutes, en remuant régulièrement.
3. Passez au quinoa. Versez le quinoa et 2 fois son volume d'eau dans une casserole. Portez à ébullition, puis baissez le feu et laissez cuire 10 minutes. Hors du feu, laissez le quinoa gonfler pendant 5 minutes. Salez et poivrez.
4. Préparez le buddha bowl. Placez le quinoa dans le fond du bol. Posez dessus, côte à côte, les pois chiches, les dés de patate douce, 5 ou 6 amandes et la salade. Mélangez les ingrédients de la sauce et versez-la sur la salade ou proposez-la dans un ramequin à part, selon votre inspiration du moment.

Pour lui redonner le sourire… un mugcake au chocolat !

Pourquoi ça lui fait du bien ? Avec toutes ces hormones, elle va fondre en larmes dès qu'elle verra une pub pour une assurance ou un épisode de *la Robe de sa vie*. Elle aura besoin de choco, et vous serez son héros.

Niveau : pro du micro-ondes

Temps de préparation : 10 minutes

Un mugcake au chocolat !

Les ingrédients

- 40 g de chocolat à cuire
- 30 g de beurre
- 20 g de sucre
- 20 g de farine
- 2 c. à s. de lait
- 1 œuf

La recette

1. Cassez le chocolat et coupez le beurre en petits morceaux avant de les placer au fond de votre mug.
2. Faites cuire par tranches de 20 s au micro-ondes (chaleur moyenne) jusqu'à ce que les ingrédients ramollissent. Mélangez après chaque période de chauffe.
3. Hors du micro-ondes, ajoutez le sucre et mélangez, puis incorporez l'œuf, puis le lait et enfin la farine… L'appareil obtenu doit être bien lisse.
4. Replacez le mug au micro-ondes et faites cuire entre 1 min et 1 min 30 à puissance élevée.

J'apprends à masser ma moitié

Le massage, très peu pour vous ? Peut-être, mais pour elle, quel soulagement ! Il va donc falloir (s'il vous plaît) mettre une fois de plus la main à la pâte avec ces quelques gestes ciblés recommandés par la Maison des Maternelles !

Je dois la masser... Vraiment ?
Pendant la grossesse, le massage n'a que des bienfaits : il permet de créer du lien avec le bébé, d'alléger les petits maux de votre douce et de partager un moment tendre à deux (et demi). Toutefois, il nécessite de prendre certaines précautions...

- Ne la massez pas au 1er trimestre.
- Évitez la zone des pieds.
- Modelez, effleurez, mais n'exercez pas des pressions (sauf pendant les contractions, voir p. 78) !

1. Elle en a plein le dos !

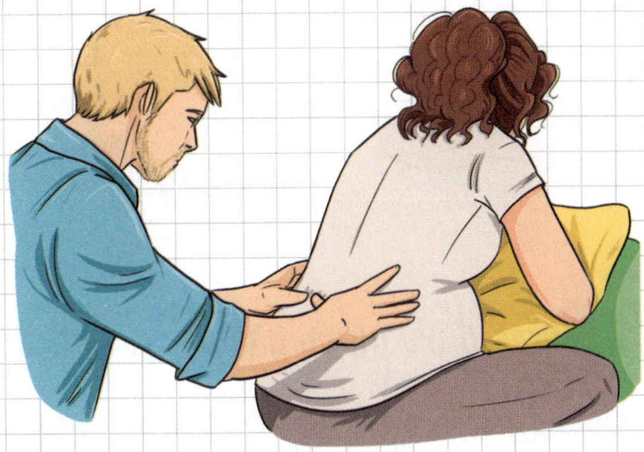

Elle : installez-la confortablement sur le lit ou le canapé, en position allongée ou assise en tailleur, les bras et la tête relâchés sur un gros coussin.

Vous : accroupi derrière elle, placez vos mains sur le bas de son dos, les pouces placés de part et d'autre de sa colonne vertébrale. Commencez le modelage en réalisant de petits mouvements circulaires avec les pouces, d'abord très doux, puis plus appuyés. Remontez progressivement le long de la colonne jusqu'à la nuque.

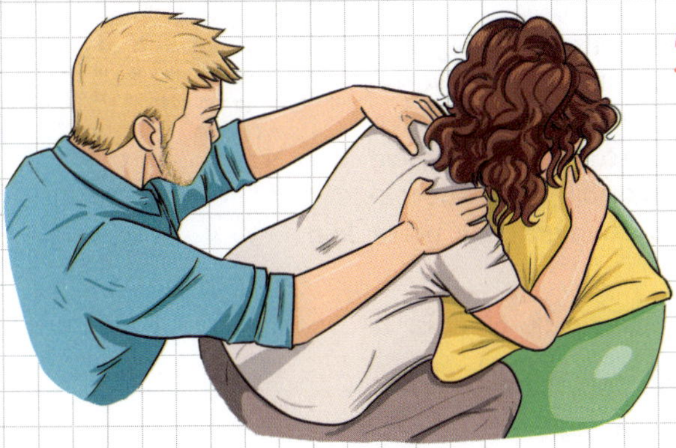

2. Elle a les épaules en miettes !

Elle : reste tranquillement où elle est...

Vous : placez vos mains à plat sur ses deltoïdes et effectuez des petits mouvements de pétrissage du dos vers ses biceps.

3. Ses jambes vont imploser !

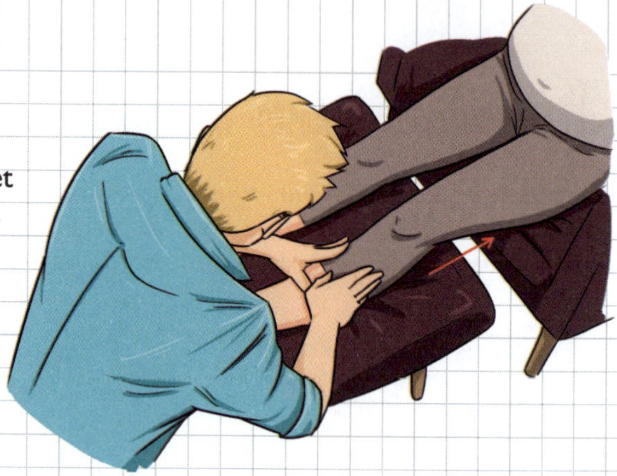

Elle : faites-la s'asseoir dans votre canapé et surélevez ses jambes sur un petit tabouret.

Vous : accroupi en face d'elle, placez vos mains de part et d'autre de son mollet et remontez de la cheville vers la cuisse en mouvements de lissage de plus en plus appuyés. L'objectif : relancer la circulation sanguine.

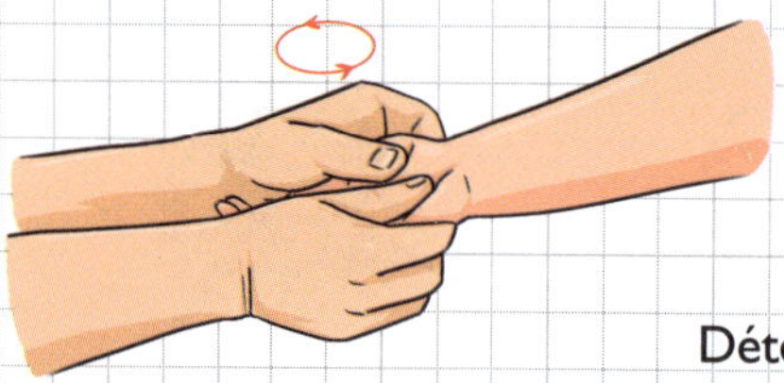

4. Elle est tendue (comme un arc) !

Elle : reste confortablement dans la même position.

Vous : réalisez des petits mouvements circulaires avec vos pouces sur le dos et la paume de sa main. Détente garantie !

3 règles d'or pour partir en vacances… sans se prendre la tête !

Vous avez envie d'aller prendre l'air, de voir autre chose que l'appart de sa mère ? Si les voyages sont tout à fait autorisés pendant la grossesse, mieux vaut prendre quelques précautions au moment de l'organisation.

1. Je prends acte des bonnes dates

Le problème : vous pensiez partir au moment de la migration des requins-baleines, de la floraison des cerisiers ou des verres de sangria des ferias… Il va falloir revoir votre agenda ! En effet, il est généralement plus prudent de ne pas partir au 1er trimestre de grossesse, grandes fatigues et gros maux obligent, et déconseillé, pour des raisons évidentes (d'accouchement), de partir loin de la maternité au 3e trimestre.

Vos options : filer entre le début du 4e et la fin du 6e mois.

2. Je choisis notre destination avec attention !

Le problème : tous les pays et tous les périples ne sont pas adaptés à sa grossesse ! Un safari en Tanzanie, une croisière de plongée en Birmanie, un trek au Chili ? Il va falloir reporter !

Vos options : piocher dans les pays qui ne sont pas considérés comme étant à risques de transmission de maladie. Exit donc toutes les zones de palu, zika, chikungunya & co ! Dans la même lignée, les destinations nécessitant des vaccinations spécifiques (notamment les vaccins bactériens ou « vivants atténués ») sont à zapper ! Enfin, n'oubliez pas d'adapter votre séjour à sa forme. Pas d'efforts intensifs, pas de sports à risques de chute, pas de climat trop extrême… En un mot, des vacances soft !

3. Je fais un effort sur les transports

Le problème : vous ne jurez que par les road trips, mais elle n'est pas « en état » !

Vos options : abusez de votre carte grand voyageur SNCF (le train est le mode de transport recommandé), laissez-vous tenter par l'avion si elle prend les bonnes précautions (porter des bas de compression, boire beaucoup, marcher)… mais surtout, surtout, évitez la voiture pour les longs trajets, vibrations, accélérations et freinages pouvant favoriser les contractions !

Chapitre 4

… et le mien !

Il faut être honnête : depuis qu'elle est enceinte, vous n'êtes pas vraiment dans votre assiette… Et c'est normal ! Non seulement, la paternité est une perspective qui en effraierait plus d'un, mais les bouleversements qu'elle représente ont déjà eu une incidence sur votre quotidien. Votre poids, votre comportement, votre vie au bureau et même votre sexualité : tout est en train de changer ! Pas de panique, vous allez gérer !

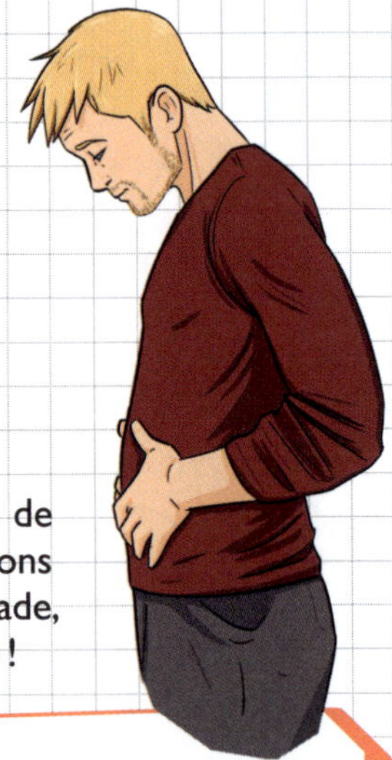

Comment ça, j'ai pris du poids ?

Même si vous côtoyez peu votre balance, vous êtes bien obligé de vous rendre à l'évidence : depuis que votre moitié enfle, vos pantalons semblent rétrécir. Verdict : vous faites peut-être une petite couvade, qui heureusement n'a rien de définitif, grâce à ce petit programme !

La couvade, quèsaco ?
À l'origine, la couvade décrit un ensemble de comportements adoptés par les hommes de certaines ethnies s'apprêtant à devenir père. Des interdits alimentaires pendant la grossesse au mimétisme du papa pendant l'accouchement (qui feint d'avoir les mêmes douleurs que la maman), le rituel varie selon ses origines et sa culture. Dans nos sociétés occidentales, le terme « couvade » est plutôt employé pour décrire les troubles psychosomatiques des futurs papas pendant la gestation de leur moitié. Vomissements, nausées, prise de poids importante ou encore tendance à se blesser ou à tomber malade, à fatiguer : des symptômes de grossesse au masculin qui seraient révélateurs du temps d'acceptation nécessaire pour passer du statut d'homme à celui de père. À noter : selon certains travaux, près de 1 futur papa sur 5 serait concerné par la couvade, en particulier les hommes ayant tendance à faire preuve de compassion et d'empathie[10].

1. Je mange (comme elle ou presque)

Le problème : à force de profiter à deux de la bonne nouvelle vous avez pris 3 ou 4 kilos au fil des semaines ? Pas de panique ! Vous devriez retrouver sans trop de soucis votre poids de forme à l'arrivée du bébé. Après tout, un nouveau-né, c'est du sport ! En revanche, si vous avez plutôt tendance à suivre la courbe de poids de votre compagne (+ 1 kilo par mois), il peut être bon de revoir votre alimentation. Un régime ? Non, juste faire attention !

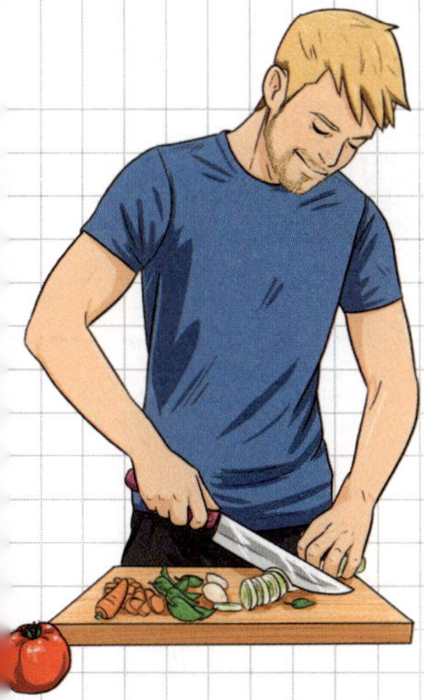

Votre solution

Vous inspirer des menus de votre moitié !
Les charcuteries, les sucres raffinés, certains fromages, les produits industriels tout faits, l'alcool et globalement les aliments trop riches ou trop sucrés sont à éviter pendant sa grossesse (voir p. 18). C'est le moment de suivre son exemple pour 1) lui éviter bien des frustrations et 2) éliminer vos mauvaises habitudes alimentaires souvent très caloriques ! Au contraire, privilégiez (comme elle), les grillades, les légumes, les légumineuses et les céréales complètes et vous devriez déjà vous sentir un peu allégé !

L'alternative : si vos kilos s'installent ou que vous les vivez mal, n'hésitez pas à vous tourner vers un nutritionniste ou un diététicien.

2. Je bouge (ne serait-ce que 10-15 minutes par jour)

Le problème : le sport, vous n'êtes pas contre, surtout si c'est sur l'écran géant du pub du coin !

La solution

3 exercices ciblés de Karim, le coach de la Maison des Maternelles, à raison de 15 minutes par jour seulement ! Chaque jour, tentez ainsi…

- **Une série de 10 burpees**

  Placez-vous mains au sol, jambes et bras tendus en position de planche (comme si vous alliez réaliser des pompes). Ramenez successivement chaque jambe vers vous, puis relevez le torse pour vous placer en position verticale. Repartez ensuite en planche en posant une main au sol, puis l'autre, puis en tendant une jambe, puis l'autre vers l'arrière.

  Option plus difficile : répétez le mouvement en sautant et en posant les deux mains, puis les deux jambes simultanément.

- **Quelques minutes de gainage en planche**

  Installez-vous au sol, en appui sur les coudes et les avant-bras, jambes tendues derrière vous. Maintenez la position pendant 20 s.

Option plus difficile : en maintenant le gainage, tendez les bras pour vous mettre en appui sur les mains, puis retrouvez votre posture initiale sur les avant-bras. Finissez en beauté : restez en planche latérale (en appui sur un bras) pendant 20 s ou, pour plus de difficulté, faites des petits mouvements de la hanche vers le haut.

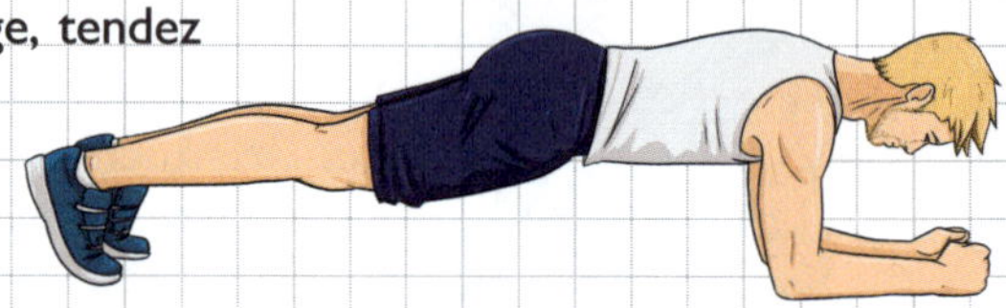

- **Une micro-balade avec des kettlebells**

  Placez-vous debout bien droit, empoignez une kettlebell ou un haltère dans chaque main (d'un poids de 8 à 20 kilos, selon votre forme) et faites quelques pas en gainant bien la sangle abdominale.

  L'alternative : faire des balades digestives, allez avec votre douce à la piscine… Elle doit faire au moins 1 heure d'activité par jour. Accompagnez-la !

3. Je parle (mais pas à n'importe qui)

Le problème : certes, votre compagne trouve vos nouveaux petits kilos attendrissants… mais ils peuvent être le symptôme d'un mal-être plus profond, tout comme certains comportements inhabituels chez vous (tendance à rentrer plus tard, à vouloir fuir la maison…). En effet, il n'est pas rare qu'un homme confronté à la perspective de sa paternité voie certains « vieux dossiers remonter ». Vous avez des difficultés dans votre couple ? Un passé familial qui vous fait douter de votre capacité à endosser le rôle de père ? Il est temps de faire un bilan !

→ La solution

Vous confier ! S'il est possible d'aborder la question de votre ressenti avec votre compagne, elle n'est pas nécessairement la meilleure interlocutrice. Et pour cause : elle peut déjà brasser de son côté et n'est pas toujours aussi disponible que vous le souhaiteriez. En revanche, les maternités organisent souvent des groupes de parole de papas. À tenter !

Ne négligez pas les groupes de parole de papas !
Vous rassurer, trouver une oreille empathique à vos inquiétudes… Ces cercles peuvent constituer un bon moyen d'aborder la naissance et votre futur rôle plus sereinement grâce à des échanges avec des professionnels de santé, mais aussi d'autres hommes dans votre cas. Même s'il ne s'agit pas de séances de préparation à la naissance à proprement parler, cela vaut le coup de vous renseigner dans votre maternité !

L'alternative : prendre un rendez-vous (seul) avec la sage-femme qui la suit ou un professionnel de l'écoute, question d'éviter d'avoir à déballer votre intimité devant 10 inconnus bien intentionnés.

6 règles d'or pour concilier grossesse et vie pro (pour vous aussi) !

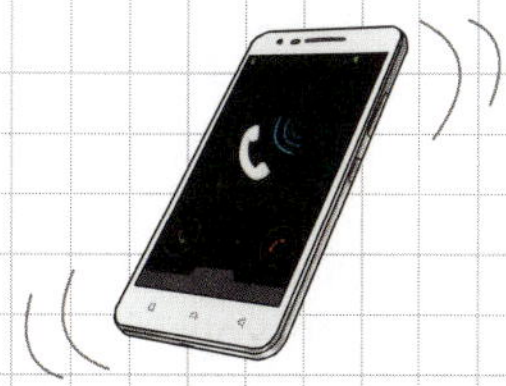

Contrairement à ce que vous avez pu croire (un jour), ce n'est pas seulement à votre moitié de (ré)organiser son temps au bureau ! Quelques pistes pour être présent tout en continuant à travailler sereinement.

1. J'abuse des alertes !

Inutile de vous rappeler que votre présence sera requise (ou du moins fortement recommandée) lors des grands rendez-vous médicaux. Veillez donc à les inscrire dans votre planning au plus tôt… et, évidemment, à bloquer les plages horaires liées ! Il y a fort à parier qu'elle n'apprécierait que modérément que vous ratiez la première écho à cause d'un déjeuner de boulot !

2. Je préviens mon patron rapidement !

Dès le stade des 3 mois dépassé, n'hésitez pas à annoncer la nouvelle à votre patron. L'objectif : lui rappeler que vous serez amené à vous absenter pour certains rendez-vous comme le prévoit la loi (voir encadré), mais également lui donner l'occasion de s'organiser. Vous connaissez déjà la DPA (voir p. 43) ? Vous savez que vous prendrez votre congé paternité dans la foulée ? Faites-lui-en part, de manière informelle pour le moment !

Que dit la loi pour les futurs papas ?
Selon l'article L1125-16 du Code du travail, vous bénéficiez d'une autorisation d'absence pour vous rendre à 3 des 7 rendez-vous prénatals obligatoires. Ces absences (qui englobent à la fois le temps du rendez-vous et le temps de trajet pour vous y rendre) sont considérées comme du temps de travail effectif. Votre rémunération est donc maintenue. À noter toutefois : votre employeur a le droit de vous demander de lui fournir une attestation du médecin précisant la nature de votre absence !

3. J'évite les réunions qui durent indécemment longtemps !

Pour éviter de passer vos soirées au bureau, tentez, autant que possible, de réorganiser vos journées. L'idéal : caler un maximum de rendez-vous et de réunions potentiellement chronophages dans la matinée pour qu'ils ne débordent pas (trop) sur vos soirées, surtout au 3e trimestre !

4. Je décale (voire j'annule) mes déplacements !

Certes, vous n'allez peut-être pas réussir à reporter tous vos voyages pendant sa grossesse, mais essayez de vous fixer une règle : limitez les grands déplacements à partir de 6 mois et ne prévoyez rien dans le mois précédant l'accouchement !

5. Je négocie la possibilité de travailler autrement !

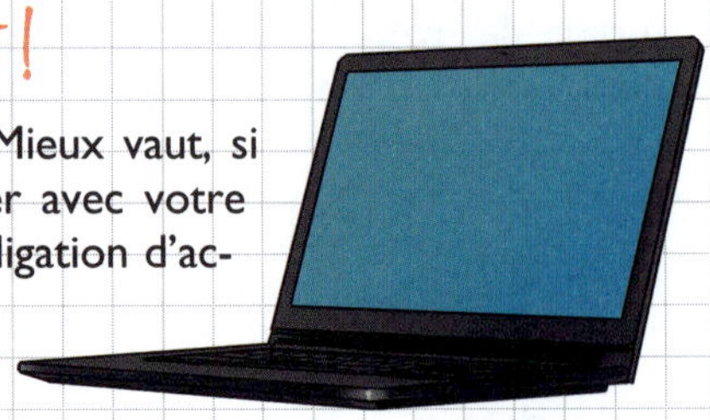

Votre compagne est alitée, elle va bientôt accoucher ? Mieux vaut, si vous le pouvez, rester à ses côtés ! Une piste à creuser avec votre employeur : le télétravail. Certes, votre boss n'a pas l'obligation d'accepter votre demande, mais sachez que, depuis début 2018, le recours au télétravail a été largement assoupli (voir à ce titre l'article L1222-9 du Code du travail).

Vous êtes intéressé ? Renseignez-vous auprès de vos représentants des salariés pour savoir si une charte définissant les périmètres du télétravail a déjà été négociée. Et n'oubliez pas, la nouvelle loi abonde dans votre sens. Ainsi, le télétravail occasionnel est désormais légalement possible dès lors qu'il est mentionné dans ladite charte ou qu'il fait l'objet d'un accord écrit par votre employeur. Si votre boss refuse alors que votre poste s'y prête naturellement, il doit motiver sa décision !

Papa salarié, vous êtes protégé !
Selon l'article L1225-4-1 du Code du travail, aucun employeur n'a le droit de rompre le contrat de son salarié dans les 10 semaines suivant la naissance, pour des raisons liées à l'arrivée de l'enfant. En revanche, si vous faites une faute grave, rien ne l'empêche de vous licencier !

6. J'organise mes congés dans les temps !

L'accouchement approche ? Commencez à briefer qui de droit sur vos dossiers (surtout si vous comptez cumuler les congés), officialisez la date de votre départ auprès de votre employeur dans les délais prévus par la loi (voir p. 60) et, bien entendu, une fois le bébé né, n'oubliez pas de compléter les démarches auprès de la CPAM, histoire d'être rémunéré (voir p. 60) !

9 questions sur la sexualité que vous n'osez (peut-être) pas poser !

Côté sexualité, vous ne savez plus à quel saint (sein ?) vous vouer depuis qu'elle est enceinte ? Faites le point sur vos interrogations, et continuez à vous (et à lui) faire plaisir…

Est-ce qu'on va le déranger ?

Non !

Niché dans l'utérus, flottant dans son liquide amniotique (sorte d'airbag de la grossesse), le bébé ne peut ni être dérangé ni blessé par vos ébats, et cela quelle que soit la taille de votre masculinité. En revanche, les câlins et autres échanges « amicaux » favorisent, chez votre moitié, la sécrétion d'ocytocine, l'hormone de l'attachement, dont votre bébé pourra amplement profiter. Rien de tel pour créer du lien avant même la naissance !

→ **Ce que vous pouvez faire :** vous raisonner et en profiter ! Non vous ne faites pas l'amour « à trois » !

Je peux lui faire mal (à elle) ?

Non, mais...

L'imprégnation hormonale favorise parfois une sécheresse intime qui peut rendre les rapports douloureux. Allez-y en douceur !

→ **Ce que vous pouvez faire...** Lui offrir un kit avec une huile de massage, un lubrifiant doux à l'eau (les deux sans parfum ou huiles essentielles, et de préférence bio) et quelques autres petites douceurs pour plus de volupté. Et n'oubliez pas : les préliminaires sont le nerf de la guerre !

Est-ce qu'il faudra lever le pied ?

A priori non, mais...

Si votre moitié a une grossesse normale, vous pourrez continuer à vous aimer comme à l'accoutumée. En revanche, il existe certaines contre-indications aux rapports sexuels si elle est concernée par :

- **le placenta praevia** (le placenta est placé au-dessus du col de l'utérus), les rapports pouvant provoquer, notamment, un risque de décollement placentaire ;
- **la menace d'accouchement prématuré.** Dans ce cas, le col de l'utérus est déjà (trop) dilaté, une situation que les rapports peuvent aggraver ;
- **une fissure de la poche des eaux,** faisant encourir au bébé un risque d'infection ;
- **des antécédents de fausse couche.** Dans ce cas, mieux vaut faire preuve de précaution !

→ **Ce que vous pouvez faire :** profitez des consultations prénatales pour poser vos questions à son gynécologue si vous êtes inquiet. Il n'y a là rien d'embarrassant, il en a vu (tant) d'autres !

Elle n'a plus la tête aux câlins, c'est normal ?

Oui !

Pendant les premières semaines de sa grossesse, votre moitié est non seulement confrontée à certains changements physiologiques qui ne favorisent pas sa libido (nausées, fatigue…), mais aussi à mille et une questions, premiers cheminements vers la maternité, qui là aussi peuvent expliquer qu'elle n'a pas vraiment la « tête à ça ». Ajoutez l'appréhension de la fausse couche et les premiers moments de vie gestationnelle, forcément symbiotiques… et vous comprendrez pourquoi sa libido est en berne.

→ **Ce que vous pouvez faire :** respecter ses envies et vivre, en attendant, une autre forme de sensorialité. Offrez-vous un bon repas, faites des câlins, des massages, émerveillez-vous des petites choses : il y a d'autres moyens de nourrir votre complicité que la sexualité ! Et gardez le sourire : il n'est pas rare que les futures mamans aient un regain de désir au 2e trimestre !

Moi, envie ?

Bof !

Chaque homme réagit différemment à la grossesse de sa compagne… Si, pour certains, ces quelques mois sont un moment de communion sensorielle et de désir accru (oui, cela arrive), pour d'autres, c'est le calme plat. Et, là encore, c'est normal ! Non seulement vous n'êtes pas obligé d'être sensible à ses nouvelles formes, mais la perspective de la paternité peut aussi être délicate à gérer. Il n'y a pas qu'elle qui brasse ses vieux dossiers ou qui s'inquiète de ne pas être à la hauteur !

→ **Ce que vous pouvez faire :** si vous sentez que vos doutes et vos questionnements deviennent envahissants, confiez-vous ! Parlez-en à un pote papa qui est déjà passé par là, prenez rendez-vous avec sa sage-femme…

Elle est complètement obsédée, c'est normal ?

Oui et c'est très bien !

Certaines femmes vivent leur grossesse comment une véritable libération ! Elles se sentent plus féminines ou en totale symbiose amoureuse avec leur partenaire, ont un rapport différent à leur corps ou n'ont plus la pression de la contraception, elles parviennent enfin à lâcher prise… Autant de raisons qui peuvent expliquer leur désir accru et parfois même leur plaisir démultiplié !

→ **Ce que vous pouvez faire :** en profiter, à condition évidemment d'être sur la même longueur d'onde !

Va-t-il falloir changer nos « bonnes habitudes » ?

Il y a fort à parier que oui !

Avec la grossesse, la physiologie et la physionomie de votre compagne évoluent. Résultat : des positions ou des pratiques qui la faisaient vibrer auparavant peuvent désormais la laisser stoïque. Son ventre la gêne, ses seins sont douloureux ? Il va falloir explorer de nouvelles pistes !

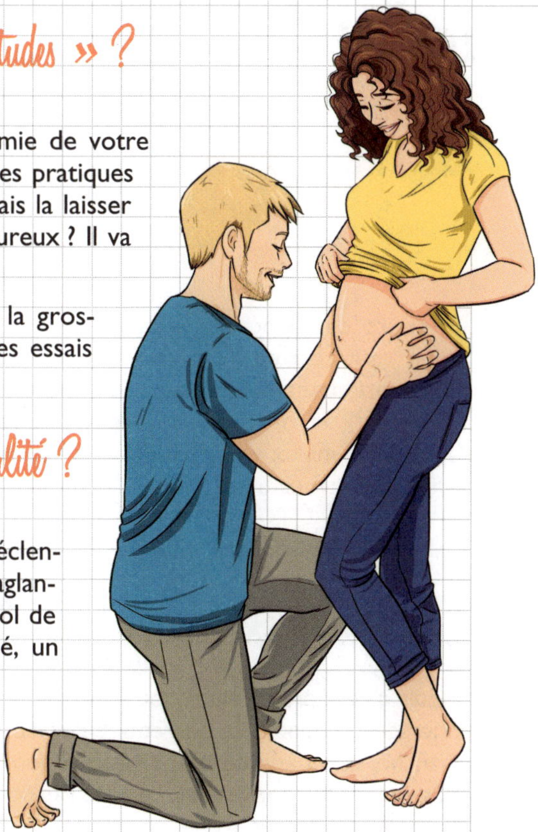

→ **Ce que vous pouvez faire :** attention, la grossesse n'est pas le meilleur moment pour faire des essais de haute voltige.

L'accouchement à l'italienne : mythe ou réalité ?

Réalité !

Plus que d'accouchement, mieux vaut parler de déclenchement ! Le sperme contient en effet des prostaglandines, une hormone favorisant la maturation du col de l'utérus. Si le terme de votre moitié est dépassé, un rapport peut aider à accélérer la naissance.

→ **Ce que vous pouvez faire :** tenter le coup, mais ne vous attendez pas à un miracle : les taux de prostaglandines restant faibles, le succès n'est pas assuré !

Et après l'accouchement, on s'y remet quand ?

Quand elle est prête... et vous aussi !

On estime généralement que le corps de la jeune maman est prêt à reprendre les rapports après la rééducation du périnée, soit 2 à 3 mois après la naissance. Et ce n'est là que le temps de se remettre physiquement de l'accouchement ! Reste l'épineuse question du désir (le sien, mais aussi le vôtre) qui peut être mis à mal par la fatigue, les coups de blues, et tout simplement le temps passé à vous occuper du bébé !

→ **Ce que vous pouvez faire :** reprendre en douceur par des caresses, des étreintes ainsi que des préliminaires et, quand vous serez prêts, vous relancer !

Chapitre 5

Le suivi de grossesse

Au cours des prochains mois, les rendez-vous médicaux vont se succéder, tout comme les conversations lunaires uniquement constituées d'abréviations et de surnoms (parfois passablement ridicules : gygy ? Vraiment ?). Et même si cela vous semble absurde et chronophage aujourd'hui, mieux vaut être présent ! C'est important pour elle, mais, *in fine,* pour vous aussi !

Do you speak femme enceinte ?

Depuis qu'elle est enceinte, votre moitié a enfin cessé de vous parler de cropped top, de Fenty Beauty ou d'ombré lips. En revanche, elle a adopté un nouveau jargon qui mérite parfois (plus encore de) clarification. Lexique rapide pour parler à nouveau la même langue.

Amnio comme Amniocentèse

C'est le prélèvement d'un peu de liquide amniotique à travers la paroi du ventre de votre moitié pour compléter les dépistages d'anomalies chromosomiques, comme la trisomie 21. Si l'amnio est réalisée sur les conseils du praticien entre 16 et 18 SA, vous pouvez la refuser !

β-HCG comme Hormone Chorionique Gonadotrope

C'est l'une des hormones de la grossesse, si ce n'est l'hormone de la grossesse par excellence. Son taux augmente de la conception à la 8e semaine, le temps que la grossesse s'installe. C'est aussi elle qui est en grande partie responsable des nausées.

DDC comme Date De Conception

C'est la date à laquelle vous avez parfaitement réussi votre (petit) coup !

DDR comme Date des Dernières Règles

Utile au praticien pour déterminer la DPA, la question de la DDR fera partie de ces (nombreux) moments au cours desquels vous aurez envie de vous enfermer dans votre bunker d'autopréservation (un petit streaming sur Twitch ?).

DPA comme Date Prévue d'Accouchement

Soit 41 semaines après la DDR ou 39 semaines après le fameux coup gagnant !

Echo comme échographie

Dans le cadre d'un suivi classique, les échographies sont au nombre de trois (une par trimestre) pour surveiller la bonne évolution de la grossesse… et mieux vaut prévoir d'être là ! (voir p. 46)

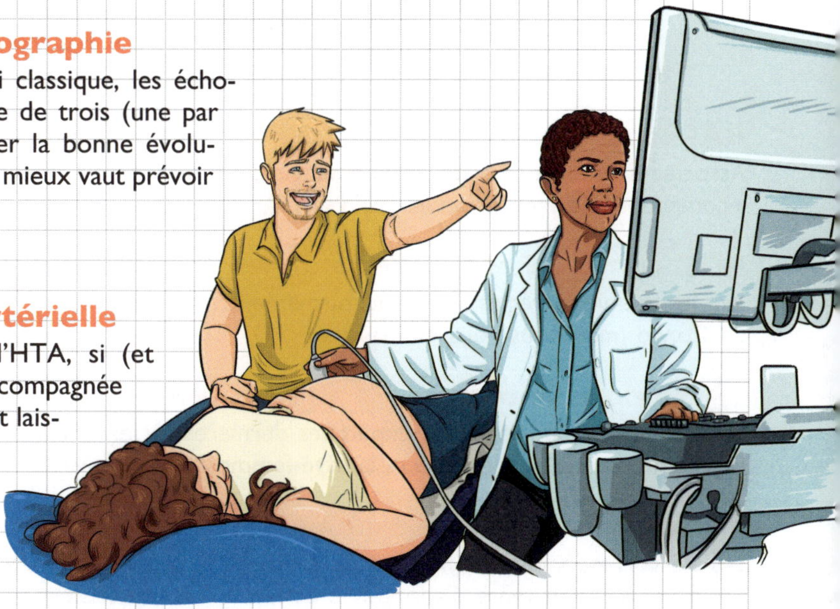

HTA comme HyperTension Artérielle

Pendant la grossesse, l'HTA, si (et seulement si) elle est accompagnée d'autres symptômes, peut laisser présager un risque de complication. Si le praticien commence à en parler, c'est l'heure de la rassurer !

HU comme Hauteur Utérine

Mesurée à l'aide d'un mètre ruban placé sur le ventre de votre compagne entre le pubis et la partie la plus haute de l'utérus, elle permet d'évaluer la croissance du bébé et la quantité de liquide amniotique.

NFS comme Numération Formule Sanguine

La NFS, l'un des nombreux prélèvements que devra faire votre moitié, a pour vocation d'identifier une éventuelle anémie (carence en fer) ou une infection virale ou bactérienne.

Péri' comme Périnée

C'est l'ensemble des 12 muscles qui relient l'anus, l'urètre, le clitoris et le vagin, et qui soutiennent la vessie, le rectum et l'utérus… Même s'il s'assouplit pendant la grossesse pour laisser passer le bébé, le périnée peut être malmené lors de la naissance. Votre seul objectif, garder en tête l'adage : « Tant que le périnée n'est pas opé', pas de sexualité ! »

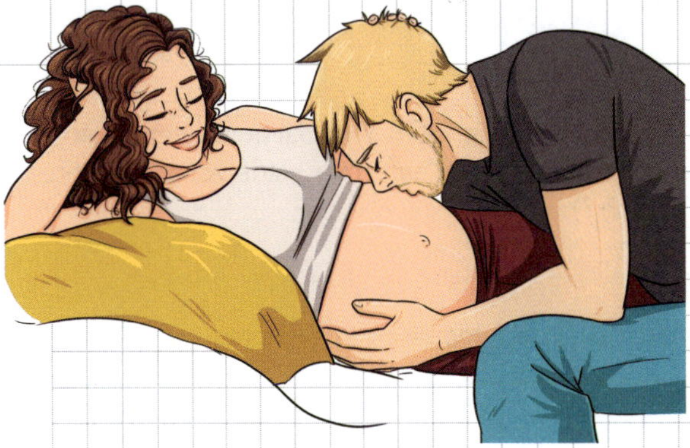

PNP comme Préparation à la Naissance et à la Parentalité

Plus connue sous le terme de prépa à l'accouchement, la PNP repose sur différentes méthodes : la « classique », mais aussi la sophrologie, l'haptonomie, HypnoNatal®… Les séances commencent généralement vers 4 à 5 mois, et elles impliquent plus ou moins le papa (voir p. 48).

RAI comme Recherche d'Agglutinines Irrégulières

Associée à la recherche de groupe sanguin, cette sérologie vise à dépister une éventuelle incompatibilité materno-fœtale (voir p. 16).

RDC comme Retour de Couches

Soit les premières règles après l'accouchement… et pas le rez-de-chaussée ou la République du Congo (mais vous vous en doutiez).

SA comme Semaines d'Aménorrhée

C'est le nombre de semaines depuis ses dernières règles. C'est dans cette langue que vont sûrement vous parler le gynéco, la sage-femme & co.

SG comme Semaines de Grossesse

Les SG correspondent au nombre de semaines depuis la fécondation, et donc au calcul que serait logiquement tenté d'adopter le commun des mortels.

T21 comme Trisomie 21

Les aneuploïdies (voir p. 11) sont dépistées de manière systématique pendant la grossesse entre 11 et 14 SA (fin du 1er trimestre) par une prise de sang (que vous pouvez refuser) et une échographie, puis par une amniocentèse si le médecin la conseille (et que vous l'acceptez). Pas de panique, elle est bien suivie !

Notre calendrier prénatal

L'accompagner à la maternité pour la pesée ne vous fait pas rêver ? Rappelez-vous que vous impliquer (a minima) dans son suivi de grossesse vous vaudra bien des points de karma (et de tranquillité) ! Au contraire, vous êtes au taquet ? Parfait, vous aurez plus d'une occasion de prouver votre motivation ! Quel que soit votre cas, c'est le moment de remplir votre agenda !

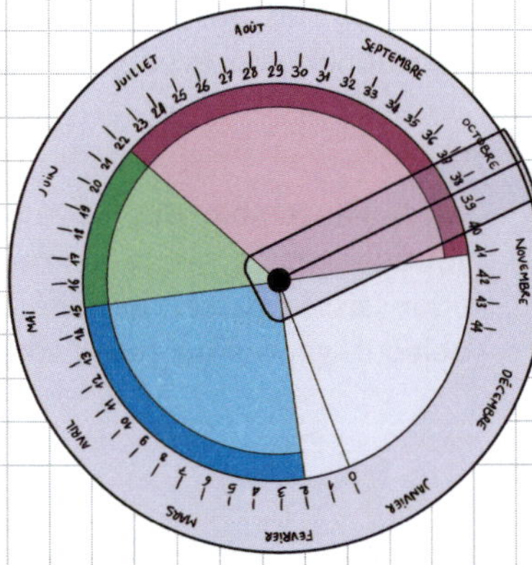

Date	Rendez-vous	Est-ce obligatoire ?	Ce que vous pouvez faire...
1er mois	Un premier bilan chez le généraliste, le gynécologue, la sage-femme pour confirmer la grossesse.	Non	• l'aider à appeler les maternités proches de chez vous pour connaître les conditions d'inscription… et votre mutuelle pour vous renseigner sur sa prise en charge. • commencer à revoir votre hygiène de vie (et notamment arrêter la cigarette, p. 16).
2e mois vers 7 SA	Le premier rendez-vous chez le gynécologue pour déterminer notamment la DPA.	Non	prendre rendez-vous chez votre généraliste pour faire un bilan de santé et identifier les antécédents médicaux qui peuvent avoir de l'importance dans le cadre du suivi de votre moitié (voir p. 15).
3e mois entre 11 et 14 SA	L'échographie de datation, pour dater la grossesse, repérer le placenta, mesurer la clarté nucale du bébé…	Non	• lui suggérer (subtilement) d'arrêter de se crémer le ventre quelques jours avant l'examen. • rapporter une petite bouteille d'eau le jour J (voir p. 47).
	Le dosage des marqueurs sériques pour évaluer les risques de trisomie 21.	Non	• en parler avant l'examen : vous pouvez le refuser ! • la rassurer (même si vous êtes flippé).
3e mois 14 SA	Le rendez-vous du 3e mois pour déclarer la grossesse.	Oui	aborder ensemble la question de la préparation à l'accouchement pour lui faire savoir tout de suite à quel point vous voulez vous impliquer !
4e mois vers 16 SA	Le rendez-vous du 4e mois pour suivre la bonne évolution de la grossesse.	Oui	• noter la date de l'EPP pour l'accompagner. • commencer à réfléchir à comment vous vous projetez en tant que papa. C'est aussi cela le projet de naissance !
4e mois entre 16 et 18 SA	Amniocentèse pour compléter les premiers tests relatifs à la trisomie 21.	Non	là encore, vous pouvez la refuser. Parlez-en avec votre moitié !
4e mois	L'entretien prénatal précoce pour vous aider à préparer la naissance.	Non	préparer toutes vos questions sur la grossesse et l'accouchement. La sage-femme est là pour vous répondre aussi !
5e mois entre 20 et 25 SA	Le rendez-vous du 5e mois pour suivre l'évolution de la grossesse.	Oui	vous inscrire à un atelier pour papas si vous êtes intéressé par le portage ou le massage de bébé : renseignez-vous !
5e mois entre 21 et 24 SA	L'échographie morphologique, pour surveiller l'évolution de votre bébé et vous annoncer le sexe !	Oui	faire la reconnaissance de paternité si vous n'êtes pas mariés.

Date	Rendez-vous	Est-ce obligatoire ?	Ce que vous pouvez faire...
6e mois entre 25 et 28 SA	Le rendez-vous du 6e mois, pour vérifier que tout va bien.	Oui	aborder la question de l'allaitement : qu'a-t-elle envie de tenter ? Quel soutien attend-elle de vous ?
6e mois	Le dépistage du diabète gestationnel.	Prescrit au cas par cas	libérer sa matinée pour l'accompagner au labo et prévoir de venir la rechercher avec un en-cas, car ce test, particulièrement désagréable, se fait à jeun.
7e mois entre 29 et 31 SA	Le rendez-vous du 7e mois, pour dépister certains troubles du 3e trimestre.	Oui	se renseigner auprès de votre maternité : des groupes de parole de papas sont peut-être organisés.
7e mois 32 SA	L'échographie de bien-être fœtal, pour vérifier la croissance, la vitalité et la position de votre bébé.	Oui	
8e mois entre 32 et 36 SA	Le rendez-vous du 8e mois, pour évaluer les contractions et vérifier s'il y a indications de césarienne.	Oui	se pencher avec elle sur votre projet de naissance ENSEMBLE (non, ce n'est pas que le sien).
entre le 8e et le 9e mois	Le rendez-vous chez l'anesthésiste.	Oui	
9e mois à partir de 37 SA	Le rendez-vous du 9e mois pour faire un bilan.	Oui	l'aider dans les démarches pour votre futur bébé : trouver un pédiatre, un ostéo (à ce stade, pas de doute, elle en a assez de caler des rendez-vous médicaux).

3 règles d'or pour des échographies zen !

L'échographie va être, pour vous comme pour elle, la première rencontre « officielle » avec le bébé. Autant mettre toutes les chances de votre côté pour qu'elle se déroule comme vous le souhaiteriez (tous les deux).

Que vais-je apprendre pendant l'échographie ?

Dans le suivi de grossesse normal, 3 échographies sont au programme.

- Au 1er trimestre, l'écho de datation vous permettra de connaître la DPA, d'identifier si vous allez avoir des jumeaux ou non et de réaliser les premiers dépistages des trisomies (avec l'examen dit de la clarté nucale).
- Au 2e trimestre, l'écho morphologique vise à vérifier que le bébé grandit bien (croissance, développement, état du placenta….) et permet de confirmer le sexe s'il est bien positionné.
- Au 3e trimestre, l'écho de bien-être fœtal permet de surveiller la vitalité du bébé, sa croissance, s'il s'est retourné…

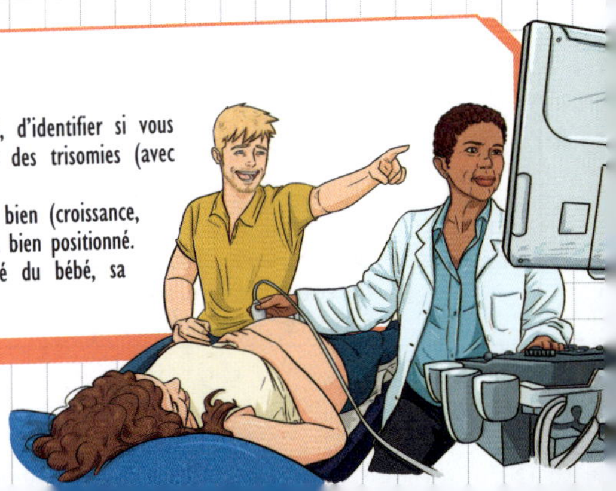

1. Je m'organise bien en amont !

Ce que vous n'aviez peut-être pas anticipé : l'émotion de voir ou d'entendre battre le cœur de votre bébé, votre anxiété face à ce que le médecin allait vous annoncer, le stress de votre moitié…

Votre to-do list pour éviter les coups de stress

- **Prévenir votre employeur au plus tôt** de votre absence le jour J (n'oubliez pas, c'est un droit ; voir p. 60).
- **Aider votre moitié à préparer son dossier** (examens médicaux préalables, carte vitale, pièce d'identité).
- **Trouver une baby-sitter** pour le ou les aînés.
- **Prévoir un kit spécial écho pour l'accompagner :** un paquet de mouchoirs, une bouteille d'eau (si l'examen doit se faire vessie pleine), un petit en-cas…
- **Préparer les questions** que vous aimeriez poser, voire compiler les siennes et les conserver si elle oublie ou n'arrive pas à les poser.
- **Éviter de prévoir un autre rendez-vous** (voire un apéro) juste après !

2. Je tourne ma langue (au moins) 7 fois dans ma bouche !

Ce que vous n'aviez peut-être pas anticipé : sous le coup de l'émotion ou pour détendre l'atmosphère, vous aurez peut-être envie de briser le silence ! Mauvaise idée !

Votre to-do list pour éviter de vous faire remettre à votre place

- **Attendre que le praticien ait fini l'examen** pour l'interroger.
- **Éviter** sous peine de vous attirer les foudres de votre moitié, les blagues sur le sexe du bébé, les commentaires sur son nez…

3. Je reste zen !

Ce que vous n'aviez pas anticipé : une échographie qui dure (trop) longtemps, voire l'annonce que des résultats complémentaires sont nécessaires et qu'il y a donc potentiellement un souci pour le bébé.

Votre to-do list pour assurer

- **Dédramatiser** (pour vous et votre moitié) : une écho plus longue que prévu peut simplement être due au mauvais positionnement de votre enfant.
- **Prenez le relais** (autant que vous pouvez) ! Le médecin vous conseille des examens complémentaires ? Prenez note de l'échéancier, demandez les numéros des professionnels à contacter… Votre douce risque d'être trop sonnée pour rationaliser.

Projet de naissance : je me pose les bonnes questions !

Évidemment, ce n'est pas à vous de décider comment elle va accoucher ou si elle va allaiter ! En revanche, le projet de naissance peut être un outil précieux pour vous aider à trouver votre place de (futur) papa. À mûrir ensemble, donc !
Vous êtes bien décidé à réfléchir à votre projet de naissance ? Commencez par noter, de votre côté, comment vous envisagez votre future paternité…

Je me pose les bonnes questions…	Je note ici ce que j'en pense…
Pendant la grossesse, quels projets aimeriez-vous mener à terme ? (arrêter le tabac, participer aux cours de préparation à la naissance…)	
Qu'est-ce qui vous importe le plus pendant la naissance ? (un cadre très sécurisé ou au contraire très naturel…)	
Quelles sont les choses qui sont, pour vous, sources d'angoisse ?	
Que souhaiteriez-vous pendant l'accouchement ? (être présent, même en cas de césarienne, couper le cordon ou non…)	
Ce que vous souhaitez immédiatement après l'accouchement ? (faire du peau-à-peau, assister aux soins du bébé…)	
Comment vous projetez-vous en tant que papa ?	

L'entretien prénatal précoce (EPP), c'est vraiment utile (pour vous) ?
Organisé au 4e mois de grossesse, l'EPP est un moment d'échange entre votre compagne, la sage-femme et vous, si vous le souhaitez. Il vous permettra de poser vos questions, partager vos appréhensions, obtenir des infos sur les préparations à la naissance (voir p. 49) et d'entamer une réflexion autour de votre projet de naissance. Y assister ? Oui, vous avez tout à y gagner !

La prépa à la naissance ? Oui, c'est aussi pour moi !

Préparer l'accouchement ? A priori, vous auriez plutôt dit : « J'peux pas, j'ai entraînement. » Pourtant, ces quelques séances peuvent vraiment faire la différence quand votre compagne entrera en travail. La solution : trouver une préparation qui reflète vraiment votre niveau de motivation !

Je m'investis (juste comme il faut) avec la préparation classique !

On s'y met quand : à partir du 4e mois de grossesse

On y fera quoi ? La sage-femme vous expliquera la physiologie de la grossesse et de l'accouchement, vous donnera des pistes pour gérer la douleur et la poussée, vous indiquera quand partir à la maternité (même si vous lirez aussi la p. 70) et vous aidera à préparer les premiers jours avec votre bébé. Surtout, si les séances sont bien faites, elles accorderont un bon bout de temps à votre rôle dans tout cela ! En résumé : une préparation physique et théorique en 8 séances de 45 minutes, c'est tout à fait raisonnable (et très complet) !

À noter : si vous êtes frileux à l'idée de participer à un cours collectif, les séances peuvent être organisées en duo avec une sage-femme libérale.

Je participe beaucoup avec la méthode Bonapace !

On s'y met quand ? À partir du 6e mois de grossesse

On y fera quoi ? Cette préparation venue du Canada combine à la fois, le massage, la digitopression et la relaxation pour apaiser les douleurs de l'accouchement. Et, bonne nouvelle, vous êtes un peu la star des séances ! Et pour cause : votre présence est indispensable pour que la sage-femme puisse vous aider à identifier les 8 zones détentes (situées sur les mains, les pieds, le sacrum et le fessier de votre moitié), que vous stimulerez pour l'aider à supporter les contractions. L'idéal si vous avez peur de rester planté comme un I le jour J.

À noter : les séances sont prises en charge à 100 % si la préparation est réalisée par un médecin ou une sage-femme et qu'elle intègre à la fois un travail corporel et des infos théoriques. Reste à trouver un praticien là où vous habitez. Bonne nouvelle : il existe même une préparation en ligne à suivre du fond de votre canapé (ou presque). Consultez vite le site : https://www.bonapace.com

Je tente l'aventure passionnément avec l'haptonomie !

On s'y met quand ? Au plus tôt, à partir du 3e mois idéalement !

On y fera quoi ? En vous apprenant à dompter le toucher affectif (savant mélange de caresses et de paroles), l'haptothérapeute vous permettra de développer des liens forts avec le bébé. En effet, au fil des séances, vous verrez que sous l'effet de vos « stimulations », votre petit génie entrera en contact avec vous et répondra par des mouvements. Parfait pour vous sentir papa avant l'heure !

À noter : les séances d'haptonomie peuvent être prolongées après la naissance pour continuer à entretenir le lien forgé pendant la grossesse, mais aussi surmonter certaines difficultés postnatales (accouchement difficile, équilibre familial difficile à trouver…). Attention, l'haptonomie n'est pas toujours (voire rarement) remboursée !

Chapitre 6

Nos préparatifs

Préparer sa chambre, son matériel de puériculture, toutes les démarches administratives, le séjour à la maternité… Vos to-do lists avant la naissance ne vont pas tarder à s'allonger proportionnellement à la circonférence du ventre de votre moitié. Restez zen (mais réaliste) : en vous y prenant bien en amont et en faisant preuve d'un peu d'organisation, vous devriez gérer ces quelques semaines comme un champion !

Je prépare sa chambre… sans marcher sur les plates-bandes de maman !

Le bricolage, c'est plutôt vous. La déco, c'est vraiment elle. Et entre les deux il y a une chambre à faire, des substances toxiques à éviter, des règles de sécurité à respecter et des délais à tenir. La solution pour y trouver tous les deux votre compte : un bon petit rétroplanning dans le cadre duquel les rôles sont bien définis !

On l'organise comment, cette chambre de bébé ?

Évidemment, vous êtes les décorateurs en chef, mais sachez qu'on prévoit généralement 3 espaces distincts dans la chambre d'un petit :

- **le coin sommeil,** avec son lit. Dans l'idéal, cet espace doit être placé en face de la porte (pour que vous puissiez le voir), loin du radiateur et des fenêtres.
- **le coin change/rangement,** avec une petite armoire, la table à langer ou simplement une commode sur laquelle vous poserez son matelas à langer et quelques rangements pour le matériel dont vous aurez besoin.
- **le coin repas/câlin,** équipé d'un fauteuil, d'un guéridon ou d'une table basse et d'une lumière tamisée pour donner le sein, le biberon, ou pour l'apaiser quand il se réveille la nuit.

J – 4 mois : les gros travaux !

Une fois le 2e trimestre de grossesse bien entamé, c'est le moment de vous lancer dans les travaux de peinture et l'installation du sol (notamment). C'est trop tôt ? Non, cette étape étant la plus à même d'exposer votre petite famille à des substances toxiques (peintures, colles, vernis ; voir p. 19), mieux vaut vous y prendre bien en amont pour aérer les lieux avant la naissance.

Notre mission (à deux) : faire le mood board de la chambre du bébé pour identifier les couleurs et les motifs, les textures qui vous plaisent, les produits (sains, évidemment ; voir p. 20) à utiliser… En un mot, avoir une première vue d'ensemble du projet.

Votre rôle : la peinture, les sols, c'est vous (et la famille élargie au besoin), mais il est indispensable à ce stade de tenir votre moitié à l'écart du chantier pour préserver sa santé (et celle de votre futur bébé).

Pendant ce temps, elle peut commencer à prospecter pour du mobilier. Son objectif : surfer sur le Bon Coin pour trouver un petit lit de seconde main… toujours plus sain !

J – 3 mois : l'installation du mobilier

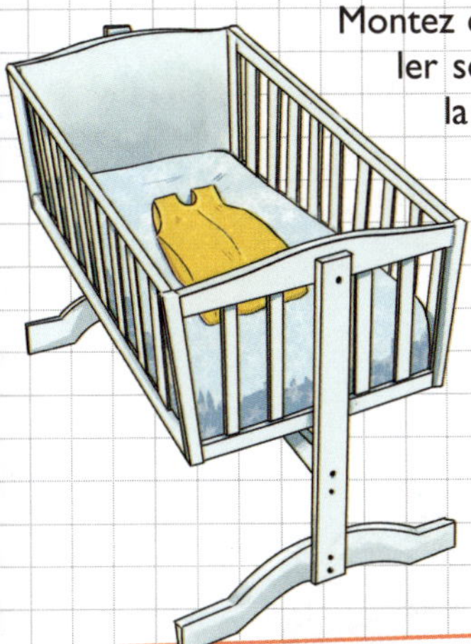

Montez des meubles ? Un jeu d'enfant depuis que vous avez réussi à bricoler seul les deux penderies Pax de votre moitié ! Mais attention, pour la chambre du bébé, la tâche peut être plus longue qu'il n'y paraît !

Votre rôle : assembler tous les meubles en respectant rigoureusement leur mode d'emploi et laisser tout le matériel neuf dégazer pendant plusieurs semaines (en aérant au moins 10 minutes deux fois par jour), idéalement dans une pièce qui n'est ni fréquentée par votre douce ni la chambre du bébé.

Et pendant ce temps, elle peut s'occuper du linge de maison (qui va être très souvent souillé !). À prévoir : au moins 2 alèses adaptées à son matelas, des langes, des serviettes…

Attention à son petit lit !

Une étude[11] de 2009 de l'association Santé Environnement France (ASEF) a dévoilé qu'à lui seul le lit de votre bébé pouvait émettre un quart de la dose de formaldéhyde à ne pas dépasser selon les autorités de santé. Veillez donc à :

- privilégier un meuble de seconde main ou en bois massif brut (sans peinture et sans vernis) ;
- si vous optez pour un lit en bois aggloméré, repérez le label NF Environnement Ameublement ;
- pour le matelas et le linge, misez sur des produits comportant l'écolabel Fleur de l'UE, les labels Ecocert, Naturtextil, Oeko-Tex® Standard 100…

Sans oublier les consignes de sécurité. Vérifiez ainsi que :

- le lit est conforme aux normes en vigueur (espacement de 4,5 à 6,5 cm entre les barreaux…) ;
- le matelas est ferme et adapté au lit, tout comme l'alèse ;
- rien ne pourrait venir entraver la respiration de votre bébé : pas de peluches, de doudous, de tour de lit ou de coussin dans son berceau !

J – 2 mois : le baby-proofing et la petite déco !

Certes, ce n'est pas dans les semaines suivant la naissance que le bébé va découvrir les prises de courant, mais il n'est jamais trop tôt pour prévenir les accidents domestiques ! **Votre mission :** commencer par sécuriser la chambre du bébé avant de passer au reste de la maison. Au programme : commencez par caler les meubles avec un système antibasculement et une fixation adaptée aux murs. Dans un deuxième temps, fixez des cache-prises et des protège-coins là où ils vous semblent nécessaires. Quant aux bloque-portes, ils pourront attendre que le bébé crapahute !

Et pendant ce temps, elle peut s'occuper de la déco ! OK pour une petite lampe de chevet, quelques joujoux décoratifs, un ou deux tableaux, le tout dans des couleurs douces. Mais attention à ne pas avoir la main trop lourde pour éviter de surstimuler le bébé au moment du coucher ! À éviter aussi : les tapis et les doubles rideaux, véritables nids à poussière et les textiles d'ameublement (coussins décoratifs…) souvent traités avec des substances peu recommandables !

J – 1 mois : le nettoyage de printemps !

Plus que quelques semaines avant son arrivée ? Laissez votre belle se reposer et faites un dernier grand nettoyage en utilisant idéalement des produits ménagers écolabellisés et/ou doux (savon noir ou savon de Marseille, bicarbonate de soude, vinaigre blanc…), ainsi que des serpillières et des chiffons en microfibres.

Enfin, n'oubliez pas de faire tourner la machine et de nettoyer, idéalement deux fois avant la naissance, doudous et habits du futur bébé !

Puériculture : je trouve les bons arguments !

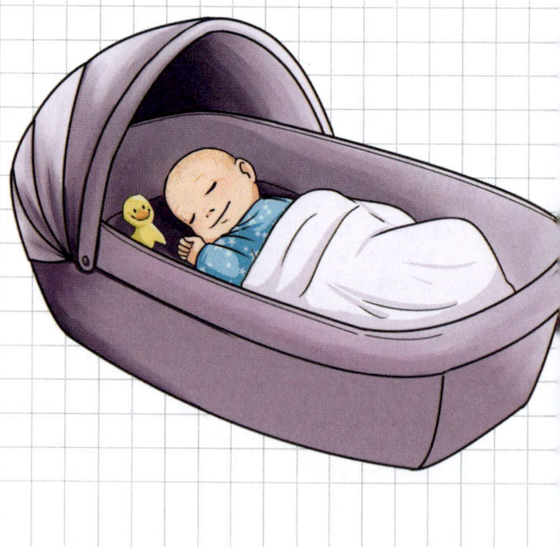

Au cours des prochaines semaines, votre moitié va sûrement tenter de vous convaincre que tous les achats de puériculture sont indispensables. Toutefois, rien ne sert d'investir dans toute la panoplie, qui finirait par vous coûter cher. La solution : trouver les bons arguments pour lui répondre.

Mais sans un lit parapluie, un berceau et un couffin, jamais il ne dormira bien !

Non ! En réalité, le couffin (petit lit d'appoint pour les premières semaines) n'est pas indispensable, le bébé pouvant roupiller, dès ses premières nuitées, dans un berceau bien apprêté ! Quant au lit parapluie (sorte de berceau nomade pliable), il n'est nécessaire que si votre tout-petit est amené à dormir ailleurs qu'à la maison (chez les grands-parents, à l'hôtel, chez la nounou…). Sachant que votre objectif à la sortie de la maternité est d'hiberner, inutile d'investir aujourd'hui !

Et si elle ne cède pas ? Il existe des berceaux évolutifs de la naissance à 7, voire 11-12 ans qui permettent de passer du landau au lit de grand. Choisissez un modèle sur roulettes que vous pourrez facilement bouger, et la négo est bouclée !

Il nous faut deux transats sinon rien !

Sinon rien ! Vous pourriez lui dire que le transat, c'est pour les paresseuses… mais usez plutôt d'un peu de diplomatie. Vos arguments :

1. Le transat est plutôt décrié par les adeptes de la motricité libre. En effet, il entraverait les apprentissages psychomoteurs des premiers mois en limitant le bébé dans ses mouvements.
2. Quant au transat de bain, il permet d'installer les tout-petits dans la grande baignoire en position semi-allongée. Le hic : le passage à la baignoire familiale n'est conseillé, pour des raisons de sécurité, qu'à l'âge où votre champion saura s'asseoir tout seul. Du coup, le transat de bain ne sert à rien ou presque (si vous avez une baignoire de bébé), CQFD.

Et si elle ne change pas d'avis ? Proposez-lui plutôt d'investir dans un joli tapis d'éveil ! Votre bébé y sera bien installé et il pourra bouger comme il l'entend !

Il nous faut 10 turbulettes, un nid d'ange, une chancelière…

Oui et non… Pas de doute, la turbulette est indispensable pour le coucher en toute sécurité ! Investissez donc dans 2-3 modèles adaptés à son âge et à la saison (évitez si possible les modèles naissance, parfois étriqués pour les gros bébés).

Quant au nid d'ange et à la chancelière, ils sont tous deux destinés à tenir votre bébé au chaud lors des sorties, la différence entre ces deux « sacs de couchage » étant généralement que la chancelière dispose de passe-sangles pour le siège-auto ou la poussette contrairement au nid d'ange… et encore ! Utiles ? Oui, si votre enfant naît en hiver. Dans ce cas, misez sur un modèle adapté à vos modes de déplacement.

Elle n'en démord pas ? Achetez une jolie petite couverture en laine, toujours utile et très « sentimentale » !

Si on n'achète pas une poussette trio, je vais mourir !

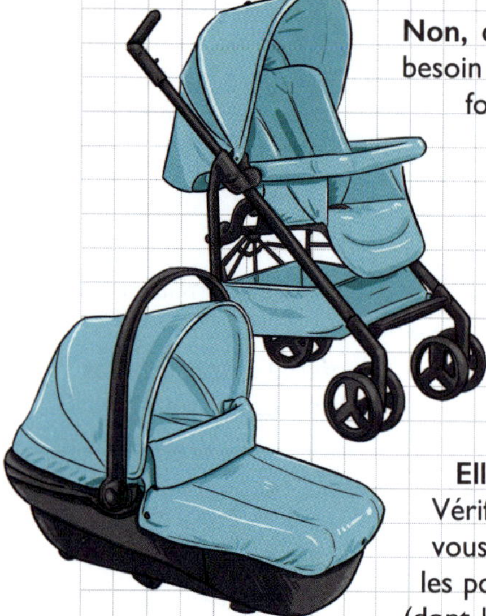

Non, on ne meurt pas de ça… Et vous n'avez pas forcément besoin d'être aussi équipé ! En effet, le pack trio regroupe à la fois la poussette, la nacelle (espèce de landau amovible dans lequel on peut allonger le bébé jusqu'à 6 mois) et la coque (à la fois siège-auto et transat) qui maintient le bébé en position semi-assise. Utile si vous comptez alterner poussette et voiture pour ses déplacements… mais sans intérêt si vous êtes citadins (en version métro / nounou / porte-bébé / boulot / dodo).

Elle panique à l'idée de ne pas être assez bien équipée ? Vérifiez auprès de vos proches si l'un d'entre eux ne peut pas vous prêter une coque pour la sortie de la maternité et scrutez les poussettes (à nacelle ou non) homologuées pour la naissance (dont le hamac est complètement inclinable).

Il me faut un stérilisateur (et un chauffe-biberon, et un égouttoir, et un écouvillon, et…)

Non, on a un lave-vaisselle ! Les autorités sanitaires ne conseillent plus de stériliser les biberons pour deux raisons :

1. Rien ne sert de stériliser un bib' si l'endroit dans lequel vous le rangez ne l'est pas…
2. Les méthodes employées par les stérilisateurs sont rarement aux normes françaises ou européennes !

Bref, un passage au lave-vaisselle, voire un nettoyage à la main à l'eau et au liquide vaisselle suffisent. Quant à l'égouttoir, votre ancien modèle familial peut parfaitement faire l'affaire.

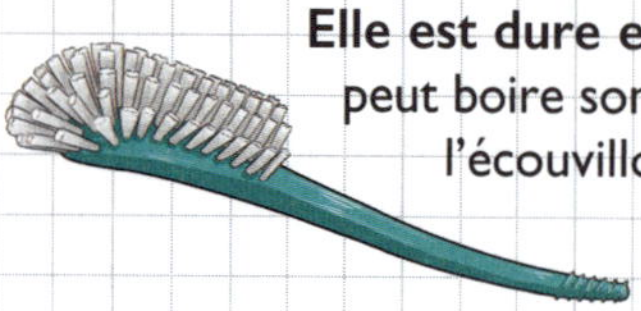

Elle est dure en affaires ? Troquez le chauffe-biberon (inutile, car votre bébé peut boire son lait à température ambiante ou réchauffé au bain-marie) contre l'écouvillon, sorte de plumeau en plastique pour nettoyer les biberons, qui, lui, est vraiment indispensable !

J'ai lu qu'il me fallait une écharpe de portage et une couverture d'emmaillotage !

OK, mais… Si vous essayiez d'abord un atelier de portage avant la naissance ? L'objectif : vérifier que vous êtes bien décidé à materner, à obtenir des conseils sur le matos à acheter (car oui, il y a des écharpes différentes selon les nœuds à faire) et à vous entendre dire qu'a priori, pour emmailloter votre bébé, un lange suffit.

Elle est dubitative ? Rassurez-vous, elle ne pourra pas résister longtemps à votre proposition d'une activité 1) en couple 2) autour de la grossesse et 3) pour vous améliorer en tant que futurs parents.

C'est un Babycook® ou rien !

Ou pas ! En réalité, si vous avez déjà un robot cuiseur-vapeur, voire un cuiseur-vapeur et un robot, voire une casserole et un mixeur, vous devriez très bien vous en sortir pour préparer les repas du bébé. Et sinon, il reste toujours les petits pots et les purées congelées pour bébés du supermarché (bio, évidemment) !

Mais sans table à langer, je vais jamais pouvoir le changer !

Réfléchissons-y ! Elle n'a pas tort ! Même s'il est tout à fait possible de le changer sur un matelas à langer (voire une serviette) sur votre lit ou une commode bien sécurisée, vous allez finir par vous casser le dos à force de vous plier en deux à chaque couche (6 à 8 par jour au cours des 2 premiers mois, tout de même, sans compter les petits soins).

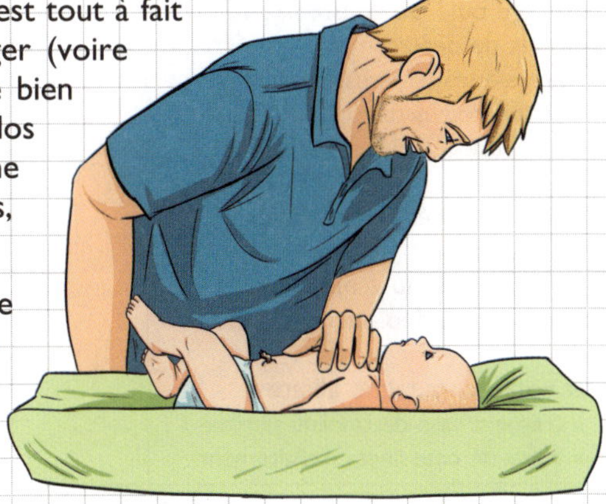

Elle rumine dans son coin ? Argumentez que vous trouverez sûrement de belles tables à langer sur le Bon Coin et qu'en plus, étant usagées, elles n'émettront plus de COV (voir p. 19).

Et sinon, on achète quoi au juste ?

Ce dont on aura vraiment besoin à la naissance !	OK ou non ?
• 1 lit	☐
• 1 matelas	☐
• 2 draps-housses	☐
• 2 alèses	☐
• 2-3 turbulettes	☐
• 1 nécessaire de toilette	☐
• 1 thermomètre rectal	☐
• 1 thermomètre de bain	☐
• plusieurs paquets de couches	☐
• du coton hydrophile (bio de préférence)	☐
• 1 bouteille de liniment oléocalcaire (si elle ne le fait pas elle-même)	☐
• 1 ou 2 boîtes de dosettes de sérum physiologique	☐
• de 2 à 5 biberons et leurs tétines (selon qu'elle décide d'allaiter ou non)	☐
• 1 écouvillon	☐
• 8 langes	☐
• 8 bavoirs	☐
• 7 pyjamas	☐
• 7 bodys	☐
• 7 paires de chaussettes	☐
• 2 gilets	☐
• 2 bonnets	☐
• 1 poussette ou 1 écharpe de portage ou 1 porte-bébé (selon vos modes de déplacement)	☐
• 1 siège-auto (si vous en avez une)	☐
• 1 petite couverture	☐
• 1 veilleuse	☐
•	
• **Si votre bébé naît en hiver**	
• 1 combi-pilote	☐
• 1 chancelière ou 1 nid d'ange adapté à vos déplacements	☐
•	
• **Si votre compagne allaite**	
• 1 crème à base de lanoline purifiée	☐
• 1 boîte de coussinets d'allaitement	☐

Ce qui peut attendre qu'il soit né !	OK ou non ?
• 1 chaise haute	☐
• 1 kit de vaisselle pour bébé	☐
• 1 tasse d'apprentissage	☐
• 1 gel antalgique (voire une préparation homéopathique pour calmer les poussées dentaires)	☐
• 1 bouteille d'huile de massage (si vous voulez tenter)	☐
• quelques jouets de bain	☐
• quelques hochets, balles et livres en toile	☐
• 1 ou 2 anneaux de dentition	☐
• 1 boîte de tétines 1er âge (si vous voulez lui donner le biberon)	☐
• 1 lit parapluie	☐
• 1 tapis d'éveil	☐
• 1 mobile	☐

Ce qui est certes pratique, mais pas indispensable !	OK ou non ?
• la baignoire de bébé	☐
• la table à langer	☐
• le matelas à langer	☐
• la cape de bain	☐
• le robot cuiseur-mixeur pour bébé	☐
• la boîte doseuse de lait infantile	☐
• l'égouttoir à biberons	☐
• le sac à langer	☐
• le babyphone	☐

Ce qui n'est vraiment pas utile (voire déconseillé) !
• le transat
• le youpala (déconseillé)
• la housse de matelas à langer
• le chauffe-biberon
• le parc
• la couverture d'emmaillotage

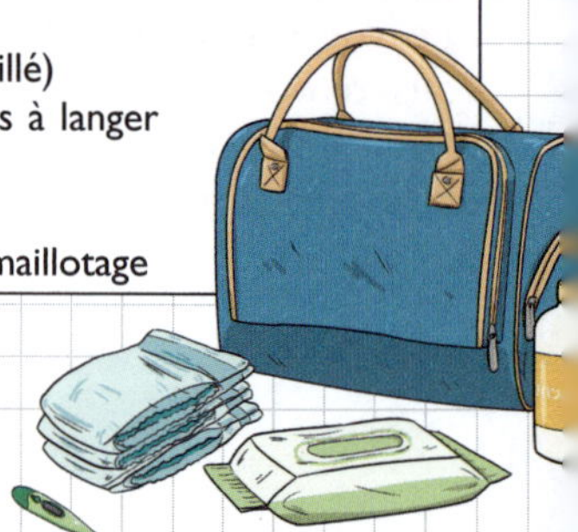

Mon rétroplanning administratif

Entre ses petits maux et les rendez-vous médicaux à gogo, il y a fort à parier que votre belle se sente vite dépassée par toutes les choses à organiser. Votre objectif : prendre le relais sur toutes les petites (et grandes) formalités qu'elle n'est pas obligée de gérer.

Au plus tôt...

Je l'aide à trouver la maternité de ses rêves

Il n'y a pas de délai « officiel » pour s'inscrire à la maternité... Cela dit, dans les grandes villes, les places peuvent avoir plus de succès que les préventes de la Nintendo Switch ou les maillots à 2 étoiles de l'équipe de France en leur temps. Veillez donc à téléphoner aux maternités de votre short list pour connaître les disponibilités et les conditions d'inscription.

Les papiers à prévoir

- sa carte vitale
- son attestation de Sécurité sociale
- sa carte de mutuelle
- tous les examens relatifs à la grossesse déjà effectués (prise de sang, échographies...)

J'appelle notre mutuelle

Si les frais médicaux liés au suivi de grossesse sont pris en charge à 100 % (sur la base des tarifs conventionnés) à compter du 6e mois, certains dépassements d'honoraires et dépenses annexes (surcoût d'une chambre simple à la maternité...) peuvent rester à votre charge ! Mieux vaut donc passer un coup de fil à votre mutuelle pour faire le point sur votre couverture !

Je me renseigne sur les modalités d'inscription en crèche

Vous rêvez d'une place en crèche ? Renseignez-vous rapidement auprès du service de la petite enfance de votre mairie et/ou sur www.mon-enfant.fr pour connaître les conditions et le timing de préinscription (variable selon les villes) dans les crèches collectives.

Démarches administratives : ses deadlines à ne pas oublier !

C'est vous le post-it administratif du couple ? N'hésitez pas à lui rappeler les grandes échéances dont elle a la responsabilité...

- Avant la fin du 3e mois de grossesse : mettre à jour sa carte vitale et déclarer sa grossesse (bonne nouvelle, cela se fait désormais automatiquement).
- Au moins 1 jour avant son congé maternité (si possible avant, c'est plus sérieux) : prévenir son employeur de son départ et, si elle veut demander un report de son congé prénatal (après accord de son médecin), envoyer le certificat médical à sa caisse d'assurance maladie.
- Au moins 1 mois avant le début du congé parental : avertir là encore son boss.

Au cours du 2e trimestre (pour être tranquille)

Je fais la déclaration anticipée de reconnaissance

Si vous n'êtes pas mariés, vous devrez reconnaître votre enfant (pour votre moitié, c'est automatique) ! Direction n'importe quelle mairie avec votre pièce d'identité. Reste à faire une déclaration à l'état civil, et le tour est joué. EZ-PZ !

Je l'aide à chercher une nounou

Vous souhaitez plutôt une nounou (ou assistante maternelle, pour les pros) pour votre enfant ? C'est le moment de prendre contact avec votre mairie ou votre relais d'assistantes maternelles (RAM) pour obtenir une liste des ass' mat' agrémentées avant de les contacter. Vous pensez plutôt à une garde partagée ? Il est temps de chercher une cofamille près de chez vous, en commençant par consulter quelques sites spécialisés (www.yoopies.fr, www.gardes-enfants.com, www.yoopala.com)

Au cours du 3e trimestre

Je l'aide à trouver des praticiens pour notre bébé

Après la naissance, le bébé va enchaîner les visites médicales… et dans certaines villes, les pédiatres sont si chargés qu'ils ne prennent pas de nouveaux patients. Mieux vaut donc passer quelques coups de fil aux cabinets alentour pour connaître leurs disponibilités. À noter : le suivi pédiatrique peut aussi être réalisé à la PMI ou chez un généraliste qui a l'habitude des nouveau-nés !

Je briefe mon patron

Vous comptez prendre votre congé de paternité directement après la naissance (voir p. 60) ? Sachez que votre employeur doit être prévenu 1 mois en avance à l'oral ou par écrit (idéalement par lettre recommandée avec accusé de réception pour éviter tout litige).

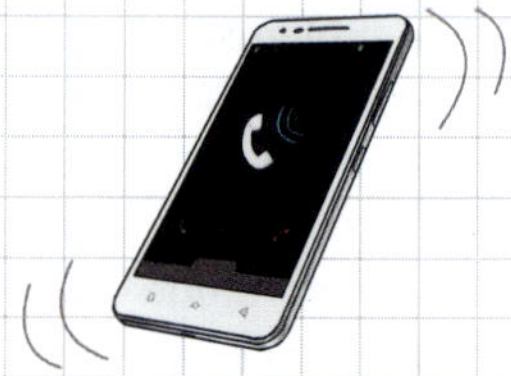

Après l'accouchement

Je fais la déclaration de naissance

S'il n'y a qu'une démarche administrative dont vous devez vous charger, c'est bien celle-là ! Vous disposez ainsi de 5 jours ouvrés pour déclarer la naissance de votre enfant à la mairie ou directement à la maternité (si un officier d'état civil y tient une permanence).

Les papiers à prévoir

- le certificat médical fourni par la sage-femme ou le gynécologue
- la déclaration de choix de nom (si vous l'utilisez)
- l'acte de naissance

- l'acte de reconnaissance, si vous avez déjà fait celle-ci
- vos pièces d'identité
- le livret de famille si vous avez d'autres enfants

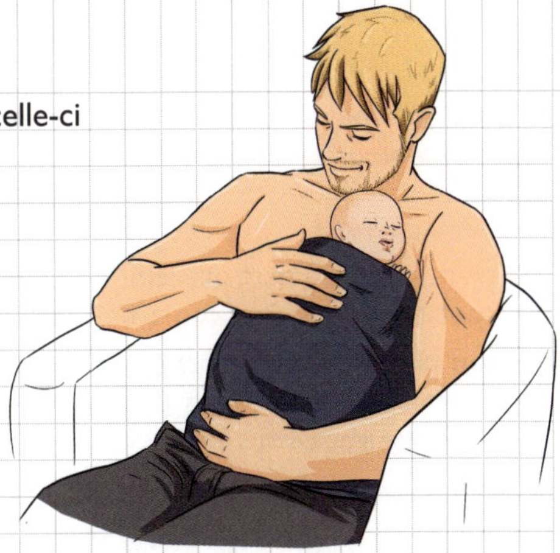

Je préviens la CAF et la Sécu

Votre enfant né, vous devez prévenir un certain nombre d'organismes, à commencer par l'Assurance maladie et la caisse d'allocations familiales (CAF), mais aussi votre mutuelle et votre assureur ! Envoyez un courrier à votre CPAM pour demander son rattachement (à vous deux pour plus de praticité), connectez-vous à votre espace caf.fr pour bénéficier des aides (si vous y avez droit) et passez un coup de fil à vos autres interlocuteurs habituels.

Les papiers à prévoir

- des copies de l'acte de naissance ou du livret de famille
- pour la CAF : votre déclaration d'impôts
- pour la CPAM : le certificat Cerfa n° 14445*02 de demande de rattachement d'un enfant mineur à l'un de ses parents ou aux deux (téléchargeable en ligne sur www.service-public.fr ou www.ameli.fr)

Je briefe (de nouveau) mon patron... au besoin

Si vous souhaitez prendre un congé parental, votre patron doit être prévenu au moins 1 mois avant la date de votre départ (voir p. 60). À ne pas oublier !

Mes petits calculs pour rester avec eux plus longtemps !

Aujourd'hui, vous pensez reprendre le boulot illico, mais peut-être qu'à la vue de votre bébé vous aurez envie de rester avec lui bien au chaud. Votre solution : calculer (vos jours) et vous acquitter des formalités.

Je commence par 3 (tout petits) jours...

Si vous êtes salarié, vous avez légalement droit à 3 jours ouvrables pour la naissance de votre ou de vos enfants. Ils ne doivent pas être nécessairement pris le jour de l'accouchement, mais tout de même être posés rapidement (pas question de les réclamer dans 6 mois) et ne peuvent pas vous être refusés ! En attestent les articles L3142-1 à L3142-3 du Code du travail.

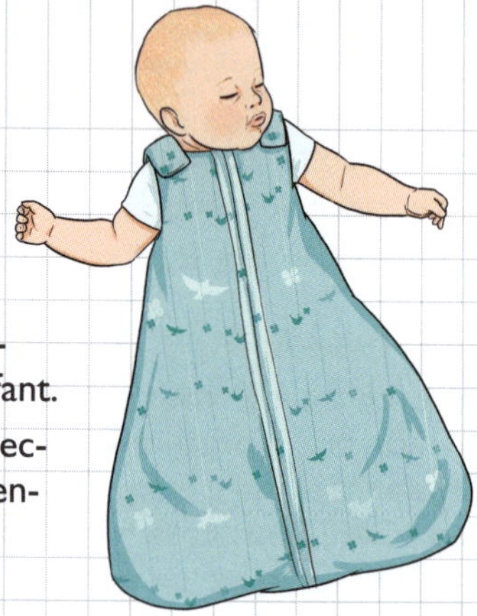

Je vais être payé combien ? La somme que vous auriez touchée si vous aviez travaillé.

→ Alors je fais quoi ?

Pas grand-chose, à part prévenir votre employeur et lui fournir, tout de même, une copie de l'acte de naissance de l'enfant.

Le bon plan en plus : certaines conventions ou accords collectifs prévoient des journées d'absence rémunérées supplémentaires. Renseignez-vous !

… auxquels j'ajoute 11 jours (de congé paternité)

Ces 3 jours, c'est trop court ? Vous pouvez prendre un congé de paternité (et d'accueil du jeune enfant pour les pros) de 11 jours au maximum dans les 4 mois suivant la naissance, à la suite ou non de votre congé de naissance. Votre employeur ne peut pas vous refuser ce congé, quelle que soit la nature de votre contrat ou votre ancienneté, à condition que vous le préveniez dans les règles de l'art ! À noter : il s'agit de jours calendaires, les week-ends sont donc compris dans le calcul !

Et je vais être payé combien ? Pendant votre congé paternité, votre contrat est considéré comme suspendu et c'est la Sécu qui prend en charge votre indemnisation sur la base de vos 3 derniers mois de salaire, dans la limite d'un forfait de 86 euros par jour (en 2018).

→ Alors je fais quoi ?

- Prévenez votre employeur au moins 1 mois avant la date du début de votre congé paternité, par oral ou par écrit. Pour éviter tout litige, mieux vaut lui faire parvenir une lettre recommandée avec AR !
- Envoyez une copie de l'acte de naissance ou du livret de famille à la CPAM.

Le bon plan en plus : si vous voulez savoir combien vous allez toucher pendant votre congé paternité, direction www.ameli.fr/simulateur.

… que je peux compléter par encore (presque) 3 ans !

Vous n'imaginez pas vous séparer de votre bébé (si, si ça arrive) ? Sachez que vous pouvez arrêter de travailler partiellement ou complètement pendant 1 an (ou moins), renouvelable 2 fois avant le 3e anniversaire de votre enfant, à condition que vous ayez au moins 1 an d'ancienneté dans votre entreprise.

Et je vais être payé combien ? C'est là que ça se complique ! Pendant le congé parental, votre salaire n'est pas maintenu. En revanche, une aide, la prestation partagée d'éducation de l'enfant (la PreParE pour les pros) peut être versée aux parents. Son montant (mirobolant !) : 396,01 € par mois (en 2018) pour un arrêt total de travail.

Son versement varie en plus de votre situation :

- Ainsi, si c'est votre 1er enfant, la PreParE peut vous être versée pour une durée maximale de 6 mois dans la limite de la 1re année de votre bébé, si vous et votre moitié partagez le congé parental.
- Si c'est votre 2e enfant, vous pouvez chacun toucher la PreParE pendant une durée maximale de 24 mois avant le 3e anniversaire du petit dernier.

→ Alors je fais quoi ?

- Faites le point : voulez-vous travailler à mi-temps, à 80 %, cesser votre activité complètement ? C'est vous qui choisissez, votre boss ne peut pas refuser !
- Faites une lettre à votre employeur pour lui faire part de votre demande de congé parental, en veillant à y inclure : la nature de votre congé (temps partiel ou plein), la date de début et la durée choisie. N'oubliez pas de lui faire parvenir cette lettre par recommandé avec AR (ou de la lui remettre en main propre) au moins 2 mois avant votre départ en congé.
- Prévenez la CAF de votre changement de situation et envoyez le formulaire Cerfa n° 12324*05 (téléchargeable sur www.service-public.fr) ainsi que toutes les pièces indiquées.

Le bon plan en plus : si vous cotisez à un compte épargne temps, vous pouvez utiliser vos acquis pour financer votre congé parental.

Notre programme pour lui trouver (enfin) un prénom !

Pour vous, pas de doute : votre viking s'appellera Thor, voire Thormund. Pour elle, pas de doute non plus, ce sera Jean comme son grand-père. En attendant, l'accouchement approche et le bébé n'a toujours pas de prénom. Quelques pistes pour vous mettre d'accord…

Je nous fixe des règles !

1. Je commence par un accord à l'amiable !

En matière de prénoms, ce qui est important pour elle ne l'est pas forcément pour vous… et inversement ! Pour commencer les débats sur des bases saines, fixez-vous chacun un critère de choix essentiel à vos yeux et que vous êtes prêts à accepter (la transmission familiale, un prénom mixte…). Déclinez ensuite votre liste de prénoms en fonction de ce choix et respectez ses propositions (même si elles ne vous plaisent pas).

2. Je fais mes projections !

Est-ce que si on l'appelle Thormund il vivra bien avec son prénom à 4, 15, 30 et 60 ans ? Votre enfant va devoir traîner son prénom tout au long de sa vie. Pensez dès aujourd'hui au futur ado mal dans sa peau qui vous en voudra (sûrement) de lui avoir donné un nom de super-héros !

3. J'évite les contrepèteries à tout prix !

Parfois, vous aimeriez vous appeler M. et Mme Stote juste pour appeler votre fils Harry. Manque de chance, dans la (vraie) vie, les mauvais jeux de mots sur son prénom sont interdits par la loi (voir encadré ci-dessous). Votre mot d'ordre : éviter les mauvaises rimes, les contrepèteries, les blagues limites sur tous ses prénoms (même les 2e et 3e) ou ses initiales, et pensez à tous ses futurs surnoms (plus ou moins blessants).

4. Je tente un elastico !

Elle refuse de céder du terrain sur ses choix de prénom ? Tentez d'aller dans son sens (en acceptant son choix si, finalement, il peut vous convenir), puis de marquer un point en votre faveur en négociant la modification de l'orthographe, en choisissant ses autres prénoms, histoire d'avoir un vrai rôle à jouer dans ce choix !

Que dit la loi en matière de prénoms ?

Selon les articles 55 à 59 et 99 à 101 du Code civil, vous pouvez choisir de donner à votre enfant autant de prénoms que vous le souhaitez, à condition :

- qu'il ne s'agisse pas du nom de famille de votre moitié, même s'il portera votre nom à vous (si son nom est Léa Paul, vous ne pourrez pas appeler votre bébé Paul Garnier, par exemple) ;
- qu'il ne nuise pas à l'intérêt de votre enfant ou à un tiers (cas d'usurpation d'un nom par exemple).

Le cas échéant, l'officier d'état civil peut saisir le procureur de la République, qui peut à son tour demander à un juge des affaires familiales de statuer en faveur d'une éventuelle suppression du prénom choisi.

On entame notre réflexion

Mon critère de choix :

....

Ma short list

Fille	Garçon
....	....
....	....
....	....
....	....
....	....

Son critère de choix :

....

Ma short list

Fille	Garçon
....	....
....	....
....	....
....	....
....	....

Et les finalistes sont…

Fille	Garçon
....	....
....	....
....	....
....	....
....	....

Quel nom de famille pour notre bébé ?

Vous pouvez choisir de donner à votre enfant :

- votre nom ;
- celui de votre femme ;
- vos deux noms accolés, dans l'ordre que vous choisissez, séparés par un simple espace.

Une fois votre choix fait, remplissez ensemble (idéalement avant l'accouchement) le formulaire Cerfa n° 152886*01 de déclaration conjointe de choix de nom (téléchargeable en ligne sur www.service-public.fr notamment) et intégrez-le dans votre dossier pour la déclaration de naissance !

À noter : le choix de nom fait pour votre aîné s'imposera à tous vos autres enfants. En l'absence de déclaration, votre enfant portera votre nom de famille si vous êtes mariés ou le nom du parent dont le lien de filiation a été établi en premier si vous êtes concubins (le vôtre si vous avez fait une reconnaissance anticipée, celui de votre moitié si ce n'est pas le cas).

Mon programme pour un retour à la maison sans drame !

Prévoir la sortie de la maternité alors que vous n'y êtes même pas encore entrés ? L'idée peut vous paraître perchée, mais vous verrez, dans quelques semaines, vous vous remercierez d'avoir été au taquet !

1. Je négocie la distribution des tâches

Mon objectif : éviter les conflits (absurdes) ! À son retour de la maternité, et surtout à votre reprise, le quotidien professionnel se cumulera à la fatigue. Résultat : vous serez lessivé par votre double rythme, elle par des heures à apaiser des pleurs… Et la tentation de se disputer pour la vaisselle sale sera grande ! La solution : se répartir tout de suite les tâches pour éviter les reproches potentiels !

Mon tableau récapitulatif

La tâche en question	C'est elle !	C'est moi !	C'est nous !	On délègue !
Nettoyer la vaisselle				
Faire la lessive				
Étendre le linge				
Plier le linge				
Faire le repassage				
Sortir la poubelle				
Préparer les repas				
Mettre la table				
Débarrasser la table				
Passer l'aspirateur, la serpillière, le balai				
Ranger les chambres				

À noter : toutes les tâches impliquant des charges lourdes (courses à monter, poubelle à descendre, aînés à trimballer) sont forcément POUR VOUS !

2. Je fais les courses… intelligemment !

Mon objectif : remplir le frigo, les placards et éviter les mauvaises surprises au retour de la maternité.

Ma liste de courses

Pour le bébé…

- un bon stock de couches (taille 1 et 2, au cas où vous auriez un gros bébé)
- de l'eau minérale (au moins 12 litres)
- 1 boîte de lait infantile 1er âge (même si elle compte allaiter, demandez conseil à votre pharmacien)
- du sérum physiologique en dosettes
- du coton hydrophile (bio de préférence)
- des cotons-tiges pour bébé
- un antiseptique pour les soins du cordon (type Biseptine)
- un savon doux
- une crème en cas d'érythème fessier (type pâte à l'eau ou enrichie à l'oxyde de zinc)
- du liniment oléocalcaire

… et pour nous (enfin, surtout pour elle) !

- des plats faciles à préparer (pâtes, riz, conserves, surgelés…)
- de quoi nourrir les autres occupants de la maison pendant vos longues soirées
- de l'eau minérale, surtout si elle allaite
- des tisanes d'allaitement
- si besoin est, une lessive et un détergent bio (mais pas besoin de lessive spéciale bébé)
- des sacs-poubelle (vous allez en avoir beaucoup besoin)
- du papier toilette et essuie-tout (plus qu'il n'en faut)
- du café (beaucoup de café, surtout pour vous)

3. Je n'oublie pas qu'on n'est pas que trois !

L'objectif : vous avez un chat, un poisson rouge, voire des aînés ? C'est le moment de prévoir qui va s'en occuper. Vous pensez qu'ils pourront s'autogérer ? N'oubliez pas que vous en avez (normalement) pour 3 jours, voire 5 si elle accouche par césarienne !

Mon tableau récapitulatif :

Il faudra s'occuper…	Qui s'occupera d'eux ?	Son numéro ?	Notes (horaires à lui préciser, disponibilités…)
des sorties d'école			
des sorties de crèche			
des activités extrascolaires			
des repas			
d'autres pensionnaires…			

4. Je lui réserve de bonnes surprises !

Mon objectif : faire en sorte qu'elle revienne dans un environnement où elle se sentira bien, pas dans un bouge qui va décupler son baby-blues !

Ma to-do list

- Changer les draps
- Faire les lessives qui traînent et étendre le linge (voire le plier !)
- Vider les poubelles
- Ranger (un peu partout)
- Bien aérer la maison
- Faire en sorte que tout le monde soit propre (surtout les aînés)
- Acheter de quoi concocter le plat dont elle a rêvé pendant 9 mois (ou trouver le numéro de qui peut vous le livrer)
- En option, acheter un bouquet de fleurs (parce que cela fait toujours plaisir)

Mes check-lists pour être équipés pour la maternité

Il y a fort à parier que, si vous lui proposez de l'aider à préparer sa valise pour la maternité, elle montre les dents. Ne vous formalisez pas : c'est là un rituel quasi sacré sur lequel il vaut mieux ne pas empiéter. Mais parfois, elle n'a pas d'autre choix que de déléguer… et c'est là que vous entrez en scène !

Alors vous préparez quoi ?

1. Pour l'inscription et la déclaration de naissance, je constitue un dossier plein de papiers

- ✔ sa pièce d'identité
- ✔ ses cartes vitale et de mutuelle
- ✔ le livret de famille
- ✔ son numéro d'allocations familiales
- ✔ son dossier médical (échographies, sérologies…)
- ✔ son carnet de maternité
- ✔ son carnet de naissance
- ✔ la reconnaissance anticipée de notre bébé (si vous avez pensé à la faire, voir p. 58)
- ✔ la déclaration conjointe de choix du nom (si vous l'avez faite, voir p. 63)

2. Pour la salle de travail, je prépare un petit sac à part

Pour elle

- ✔ une chemise de nuit ou un tee-shirt ample (attention, rien de sexy, que du confort !)
- ✔ un gilet bien chaud ou un petit peignoir
- ✔ une paire de chaussettes
- ✔ une paire de tongs ou de chaussons
- ✔ sa trousse de toilette (voir p. 68)
- ✔ une pochette en tissu contenant les premières affaires du bébé (un bonnet, un gilet, un body, un pyjama, une paire de chaussettes et une turbulette)
- ✔ son kit zen : lecteur de musique, casque, tablette, magazine, livre…
- ✔ une bouillotte magique (qui se branche sur secteur) pour apaiser la douleur pendant les contractions (voir p. 78)
- ✔ un goûter de son choix et une grande bouteille d'eau, pour le réconfort après l'effort.

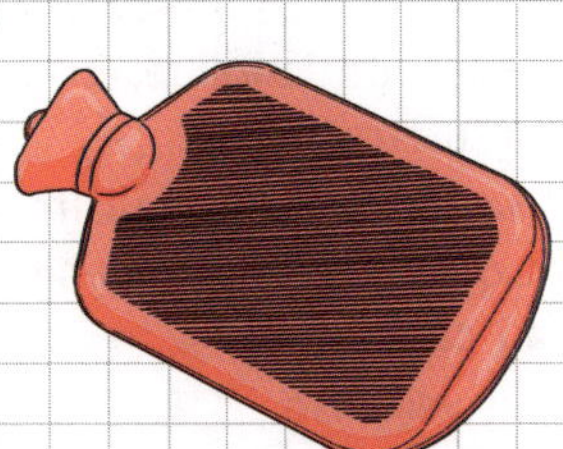

Pour vous

- ✔ un porte-monnaie et des pièces pour la machine à café
- ✔ des petits gâteaux, du jus de fruit (pour éviter l'hypoglycémie)
- ✔ de quoi vous distraire (discrètement), si la naissance traîne en longueur
- ✔ Un tee-shirt de rechange et votre brosse à dents (pour la même raison)
- ✔ Un petit cadeau de naissance rien que de vous, pour marquer le coup !

LA MAISON des MATERNELLES

Et dans sa trousse de toilette, je mets quoi ?
Les conseils d'Hélène Malmanche, sage-femme de la Maison des Maternelles

Là encore, mieux vaut compartimenter…

- **Pour la salle de travail :** un brumisateur, son dentifrice et sa brosse à dents, des lingettes fraîcheur, un déodorant, une petite fiole d'huile de massage.
- **Pour le séjour :** un savon intime (spécial femme enceinte), un shampooing doux, un savon de Marseille, un paquet de serviettes absorbantes spéciales maternité, quelques culottes-filet.
- **Pour le bébé :** un savon adapté dans un flacon à pompe, le liniment et des carrés de coton, des couches, une brosse très souple, le thermomètre.

3. Pour le séjour, je remplis la valise

Pour elle

- ✔ 2-3 chemises et 2-3 tenues confortables, dont une pour la sortie (son jean, un tee-shirt, un pull, une paire de chaussettes, à choisir dans ses vêtements de grossesse !)
- ✔ ses bas de compression
- ✔ un peignoir ou un sweat
- ✔ une paire de chaussons
- ✔ sa trousse de toilette (voir encadré ci-dessus)
- ✔ du maquillage (produits pour le teint, mascara, anticerne, rouge à lèvres)
- ✔ son téléphone et son chargeur
- ✔ son nécessaire d'allaitement (crème à base de lanoline, coussinets d'allaitement)
- ✔ 2 soutiens-gorge d'allaitement et quelques culottes en coton (au cas où)
- ✔ une veilleuse

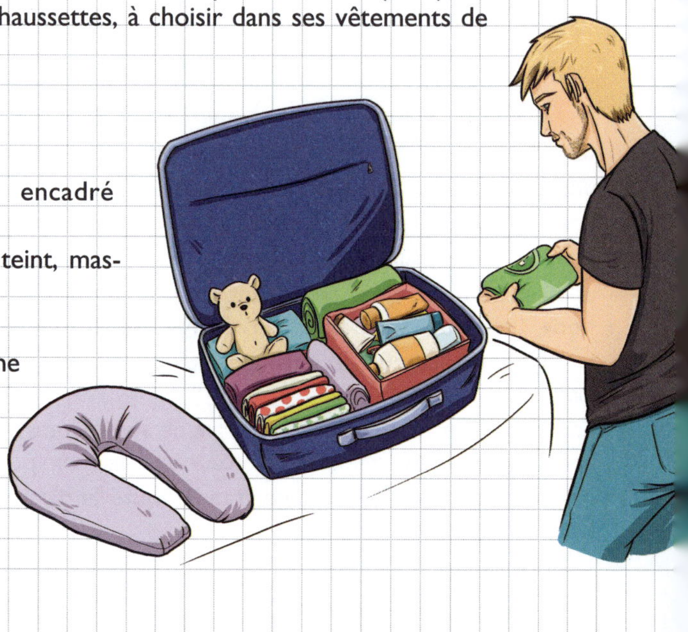

Pour le bébé

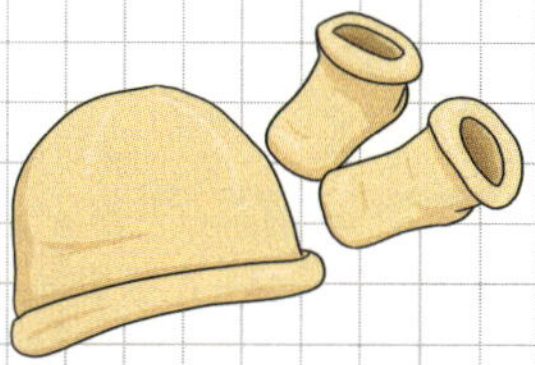

- ✔ 5 bodys
- ✔ 5 pyjamas
- ✔ 4 ou 5 paires de chaussettes
- ✔ 2 ou 3 serviettes de toilette
- ✔ 5 ou 6 langes
- ✔ 1 tenue et 1 bonnet chaud pour la sortie

4. Pour le jour de la sortie, je sature la voiture !

- ✔ le siège-auto (préalablement installé par vos bons soins)
- ✔ la poussette et sa nacelle
- ✔ un nid d'ange (voir p. 53)
- ✔ le sac à langer (contenant un petit bonnet en rab au cas où, quelques couches, un paquet de lingettes bio, une tenue de rechange…).

Chapitre 7

L'accouchement

Jusqu'ici, vous avez assuré ! Reste à continuer sur votre lancée avec l'accouchement… et tous ses questionnements ! Quand partir à la maternité ? Comment l'accompagner dans ses douleurs carabinées ? Révisez ces quelques pages avant de vous lancer dans la grande inconnue de la paternité !

Départ pour la maternité : on y va… ou non ?

Depuis qu'elle est enceinte, vous avez tendance à fredonner The Clash (*Should I Stay or Should I Go*) beaucoup plus souvent qu'à votre habitude, tant elle est ch… armante ! Mais, à quelques heures du jour J, savez-vous vraiment quand partir ? Stay (on reste bien au chaud) ou go (on file) ? Faites le point !

Et un bouchon muqueux perdu, un !

→ **Stay !**

Si votre moitié a perdu ce petit amas de glaires, c'est le signe que le col de l'utérus se ramollit… mais que l'accouchement peut être dans 2 comme dans 15 jours !

Urgh, elle fuit !

→ **Go !**

Toute perte inhabituelle de liquide doit vous pousser à l'amener à la maternité pour identifier une éventuelle une rupture de la poche des eaux. Si c'est le cas, le bébé n'évolue plus en milieu stérile, il encourt des risques infectieux… et il doit donc être pris en charge !

Aïe, elle a des contractions !

→ Cela dépend !

Si les contractions sont irrégulières, n'augmentent pas en intensité et durent moins d'une minute, pas besoin de vous affoler. Il s'agit sûrement de « fausses » contractions (dites de Braxton-Hicks), qui permettent simplement à la fibre musculaire de l'utérus de se détendre. En revanche, si les contractions sont douloureuses, de plus en plus régulières et fortes, c'est le signe qu'il faut filer !

Mmmh, elle ne sent plus le bébé bouger…

→ Go !

S'il est normal que le bébé bouge moins pendant les dernières semaines faute de place, mieux vaut consulter quand il ne réagit pas aux stimuli habituels ou quand il est moins énergique que d'habitude.

Allô ? Elle me dit qu'elle saigne…

→ Go !

Tout saignement doit faire l'objet d'une consultation en urgence, quel que soit le stade de la grossesse. Pas de tergiversations !

Et pour éviter d'attendre des plombes à la maternité, on fait comment ?

Un accouchement peut durer longtemps… très longtemps : 12 à 13 heures en moyenne pour un premier bébé, 8 heures pour le(s) suivant(s). Inutile donc de partir à la première contraction, au risque de devoir poireauter dans un couloir de la maternité. Veillez (seulement) à quitter la maison :

- quand elle a des contractions douloureuses et régulières depuis plus de 2 heures et qu'elles sont espacées de 5 minutes si c'est votre premier.
- quand elle a des contractions douloureuses depuis 1 heure et espacées de 10 minutes si c'est un cadet !

Le jargon de l'accouchement décrypté

Le jour J, il y aura tous ces moments dont la sage-femme vous a parlé pendant la préparation à la naissance (à laquelle vous avez assisté, évidemment !). Et puis il y aura toutes les autres surprises dont vous vous seriez sûrement bien passé. Panorama !

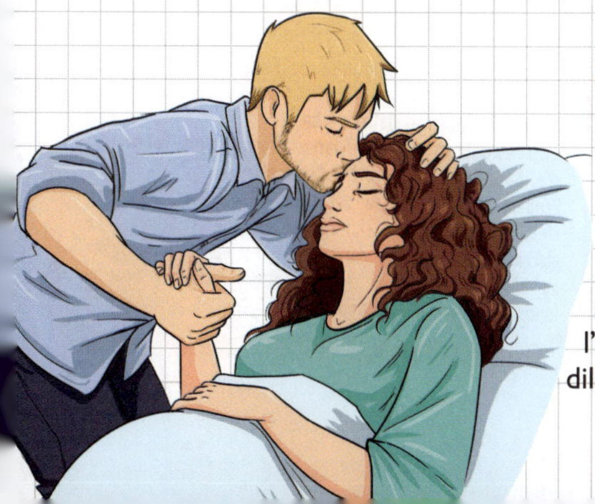

C comme Césarienne

C'est quoi ? Quand une naissance par voie basse n'est pas possible, une césarienne s'impose. Et si cette incision dans la paroi abdominale (réalisée sous anesthésie générale ou sous péridurale) peut dans certains cas être prévue en amont, elle est aussi parfois pratiquée en urgence, notamment si l'accouchement traîne en longueur, que le col ne se dilate pas bien ou que le bébé est en souffrance…

C'est le moment…

1. **de vous pencher sur les protocoles de votre maternité.** Certains établissements n'autorisent pas la présence des papas en salle de naissance. Mieux vaut vous renseigner en amont sur votre position !
2. **d'inclure l'éventualité d'une césarienne dans votre projet de naissance.** Pourrez-vous faire du peau-à-peau, participer autant que possible aux soins ? Parlez-en à l'équipe qui vous suit !
3. **de la rassurer.** Près de 20 % des naissances se font par césarienne en France. Comme toutes les autres mamans, oui, elle va assurer, et non, elle n'aura rien « raté » !

D comme Dépassement (du terme)

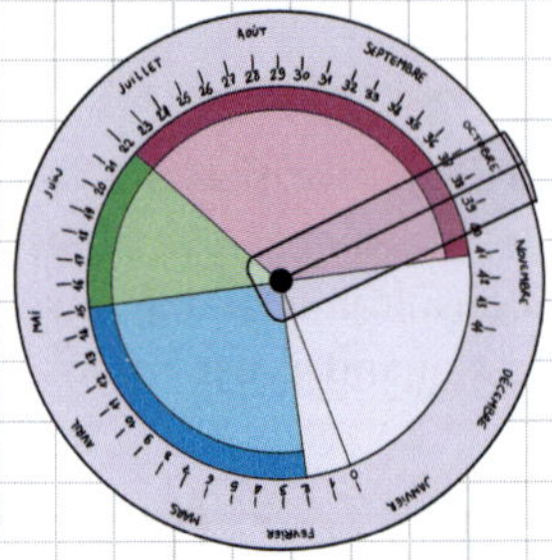

C'est quoi ? Le moment fatidique où la DPA est dépassée, et donc où elle aurait déjà dû accoucher.

C'est le moment…

1. **de relativiser !** Les professionnels se donnent une marge d'erreur de 5 jours pour le calcul du terme. Le bébé n'est donc peut-être pas en retard !
2. **d'aménager votre emploi du temps.** À compter du début de la 41ᵉ SA, les examens de suivi s'enchaînent avec une échographie et un monitoring toutes les 48 heures… et autant d'allers-retours à la maternité. Pour vous faire adouber futur papa de l'année, tentez de vous libérer ! À noter : 5 ou 6 jours après la DPA, l'accouchement sera déclenché.
3. **de lui proposer** (habilement) un câlin… (voir p. 41).

… ou comme Délivrance

C'est quoi ? Une quinzaine de minutes après la naissance, les contractions reprennent afin d'expulser le placenta. S'ensuit un examen dudit organe par la sage-femme pour s'assurer que certaines complications ne sont pas d'actualité.

C'est le moment…

1. **de rester du bon côté du champ opératoire.** Attention événement peu appétissant !
2. **de la rassurer (encore).** Si le placenta n'est pas en parfait état, une révision utérine (un examen visant à vérifier que tout le placenta a bien été expulsé) sera réalisée par la sage-femme. Un moment pas très sympa à passer, mais rapide et essentiel pour sa santé !

LA MAISON des MATERNELLES

À quoi sert le placenta ?
Les explications d'Anna Roy, sage-femme de la Maison des Maternelles

Pendant la grossesse, le bébé est rattaché via le cordon ombilical au placenta, lui-même accroché à l'utérus. Le placenta a une fonction extraordinaire : il donne de l'oxygène au bébé, le nourrit et sert de filtre, protégeant ainsi le fœtus de certaines infections.

E comme Expulsion…

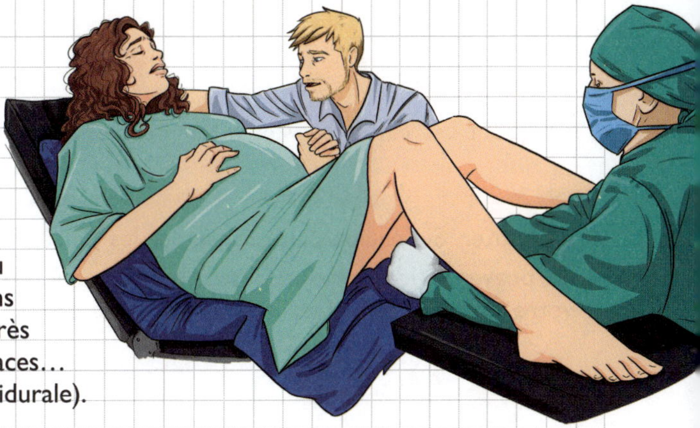

C'est quoi ? La dernière étape de l'accouchement, et plus précisément le temps compris entre la dilatation complète du col de l'utérus (à 10 centimètres) et la naissance. Au cours de cette phase, les contractions sont très fortes, très rapprochées, très longues (1 minute) et surtout très efficaces… Bref, elle déguste (si elle n'a pas de péridurale).

C'est le moment…

1. **de l'encourager !** C'est là qu'elle en aura le plus besoin.
2. **… mais pas trop fort !** C'est aussi là que les conseils de la sage-femme sont les plus précieux (poussez, arrêtez, etc.). Et à ce stade, c'est surtout elle que votre moitié a besoin d'écouter.

… ou comme Episiotomie

C'est quoi ? Une petite incision au niveau du périnée faite (parfois) pour éviter une déchirure musculaire lors du passage du bébé.

C'est le moment…

1. **de la motiver.** C'est le massage du périnée au cours du 9e mois qui prévient en grande partie l'épisiotomie. Difficile de lui en parler sans qu'elle ne vous envoie balader, mais à tenter !
2. **de la bichonner.** Pendant quelques semaines après l'épisiotomie, elle risque de bien morfler. Facilitez-lui la position assise et évitez qu'elle ne porte des charges lourdes. En un mot : soyez gentleman !

F comme Forceps

C'est quoi ? Un instrument (une sorte de grande pince) utilisé, quand l'obstétricien le juge nécessaire, pendant la phase d'expulsion, pour guider et orienter la tête du bébé vers la sortie et faciliter un accouchement laborieux.

C'est le moment…

1. **de compléter votre projet de naissance.** Elle ne veut pas entendre parler de l'extraction instrumentale ? Ce sera peut-être à vous d'en avertir l'équipe. À noter en revanche : l'alternative sera la césarienne ! Parlez-en !
2. **de la rassurer (toujours).** Non seulement le recours au forceps est l'exception (1 naissance sur 10), mais l'équipe médicale n'optera pour cette solution que s'il y a des indications à le faire : anomalie du rythme cardiaque du bébé, expulsion trop longue, fatigue. Elle est donc dans de bonnes mains !

K comme Kocher (pinces de)

C'est quoi ? Les pinces servant à clamper le cordon ombilical du bébé avant de le couper.

C'est le moment...

1. **d'écouter.** Si l'équipe parle d'installer les pinces, c'est bientôt à vous de jouer !
2. **de prévenir (le drame).** Vous n'avez pas envie de couper le cordon (voir p. 75) ? C'est votre droit ! Mais mettez-le noir sur blanc dans votre projet de naissance !

M comme Monitoring

C'est quoi ? À votre arrivée à la maternité (et dans certains cas au cours de la grossesse), la sage-femme posera sur le ventre de votre moitié 2 capteurs retenus par une ceinture élastique. Leur fonction : contrôler (en continu) les contractions et surveiller le bien-être de votre bébé.

C'est le moment...

1. **de tenter de l'ignorer !** Le monitoring peut être assez stressant, avec ses bips, ses courbes… mais ce n'est pas votre boulot de l'interpréter ! La sage-femme veille au grain.
2. **de vous faire entendre !** Certaines maternités sont équipées de monitoring sans fil, ce qui permet à la future maman de déambuler pendant le travail. Réclamez le wireless à votre arrivée !

O comme ocytocine

C'est quoi ? Une hormone sécrétée notamment au moment de l'accouchement pour provoquer les contractions de travail et booster l'allaitement. C'est aussi l'hormone dite de l'attachement. Sécrétée lors d'un contact physique prolongé, elle participe à la construction du lien parents-enfant.

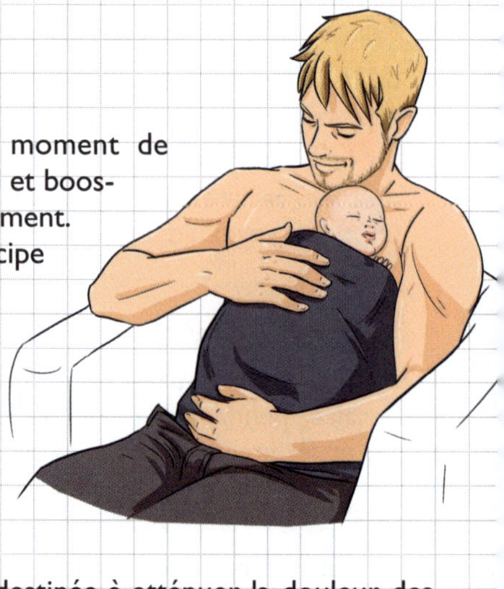

C'est le moment...

de vous mettre au boulot ! L'ocytocine n'est pas réservée aux mamans. Le bébé est né ? Tentez le peau-à-peau !

P comme péridurale

C'est quoi ? L'anesthésie locale des membres inférieurs destinée à atténuer la douleur des contractions.

C'est le moment...

1. **de la soutenir.** Pendant sa grossesse, elle va peut-être en faire tout un foin (« Je ne veux pas avoir mal, et puis non, en fait, je ne veux pas passer "à côté" de mon

accouchement… »). Même si votre avis lui importe finalement peu, l'écouter et l'encourager, c'est déjà l'accompagner.

2. **de vous faire entendre !** Elle ne veut pas de péri' (ou au contraire, vraiment, c'est le moment) ? Le jour J, c'est à vous de solliciter l'équipe (parfois débordée) pour que votre chérie puisse bénéficier des analgésies alternatives (protoxyde d'azote) ou pour insister pour qu'on la pose (enfin).

S comme siège

C'est quoi ? Si le bébé ne s'est pas retourné avant la 37e SA, on parle de présentation en siège. Concrètement, au lieu d'avoir la tête en bas, il se présente par les jambes ou les fesses.

→ C'est le moment…

1. **d'être disponible.** Si une présentation en siège est diagnostiquée, son praticien recommandera peut-être la réalisation d'une version par manœuvre externe (VME), qui consiste à aider le bébé à pivoter sur son axe. Une hospitalisation de quelques heures est nécessaire, tout comme votre soutien moral !
2. **de l'aider à trouver le bon interlocuteur.** L'acupuncture ou la chiropraxie peuvent favoriser le retournement du bébé. Si elle n'a pas la tête à chercher (encore) un praticien, prenez le relais !

Etre présent à l'accouchement, couper le cordon ? Bof !

Vous suez à la perspective de la voir accoucher ? Vous tournez (déjà) de l'œil à l'idée de voir passer un bébé par ce tout petit endroit qui vous était jusque-là réservé ? Sachez que vous seul pouvez évaluer ce que vous êtes à même de supporter le jour J. En revanche, c'est dès aujourd'hui qu'il faut mûrir votre décision… et déminer le terrain !

1. On en parle au plus tôt !

Aucun règlement d'hôpital ne vous impose d'être présent en salle de naissance. En revanche, accoucher seule peut être pour votre douce une perspective difficile. Elle devra non seulement se préparer à cette idée, mais aussi s'organiser, voire trouver quelqu'un pour vous remplacer. Dès vos premiers doutes, parlez-lui !

2. J'écris un mot !

Rien ne vous oblige (non plus) à couper le cordon. D'ailleurs, certaines sages-femmes tendent à encourager la maman à le faire, pour qu'elle rompe symboliquement la fusion avec l'enfant. Toutefois, la démarche reste rare, et les équipes des maternités conservent certains automatismes (dont le cordon fait partie). Mieux vaut les avertir au plus tôt pour éviter de vous mettre mal à l'aise ! La solution : l'écrire noir sur blanc dans votre projet de naissance (voir p. 48).

3. Je leur refais un topo !

L'équipe réduite en place le jour de la naissance ne sera pas forcément celle qui vous a suivis pendant la grossesse. Bref, si pour vous le cordon, c'est non, rappelez-le bien en arrivant à la sage-femme en fonction.

4. Je trouve l'alternative qu'il me faut !

Pas question d'être présent à l'expulsion ? Rien ne vous empêche de l'accompagner pendant tout le prétravail, puis de vous éclipser quelques instants avant de revenir pour les soins et le peau-à-peau ! Ne pas assister à la naissance ne veut pas dire être absent !

5. J'évite de faire mon fiérot !

Certes, aujourd'hui, vous imaginez la naissance d'une certaine façon, mais, le moment venu, vous reverrez peut-être votre copie… Et personne ne vous reprochera d'avoir changé d'avis, surtout pas elle !

Elle accouche : je fais quoi maintenant !

Vous avez peur de brasser de l'air pendant qu'elle s'épuise à la tâche ? Rassurez-vous, vous allez être bien plus occupé que vous ne le pensiez !

Les différentes phases du travail

L'accouchement ne commence pas quand vous arrivez à la maternité. Non, il va falloir être au taquet bien avant ! En effet, l'accouchement se divise en 3 grandes phases… plus ou moins longues selon les mamans et selon que vous avez ou non déjà eu des enfants.

1. **La phase de dilatation** dure en moyenne entre 8 et 12 heures chez une primipare. Elle se caractérise par l'apparition de contractions régulières qui vont permettre au col de l'utérus se dilater d'environ 1 centimètre par heure.
2. **La phase d'expulsion** dure quant à elle environ 30 minutes. C'est le moment de la naissance à proprement parler. Le col est dilaté, le bébé engagé dans le bassin, la sage-femme (ou le médecin) indique à votre moitié quand pousser. Il devrait pointer le bout de son nez d'une minute à l'autre.
3. **La délivrance :** plus besoin de vous expliquer, vous avez déjà bouquiné la page 72 !

Je vérifie qu'elle adopte les bonnes postures

Que vous soyez encore à la maison ou déjà arrivés à la maternité, votre objectif dès le début des contractions sera le même : la faire bouger !

Pourquoi je l'encourage à bouger ?

La mobilité durant le travail permet non seulement de mieux gérer la douleur, et donc de moins recourir à l'analgésie, mais aussi de favoriser la descente du bébé dans le bassin, d'améliorer son oxygénation et même de raccourcir le temps d'accouchement[12] !

Je fais quoi concrètement ?

En attendant qu'elle obtienne la péridurale (si elle la veut), encouragez-la à tenter les positions suivantes, tout en veillant toujours à ce qu'elle n'ait pas le dos cambré (son bassin doit toujours être en rétroversion) et à ce qu'elle change de position au moins toutes les 45 minutes, idéalement toutes les 30 minutes.

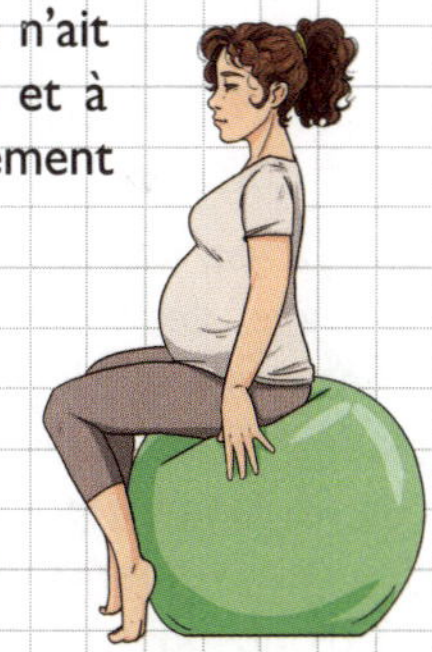

Alors on tente…

- **Les bascules de bassin :** assise sur le ballon, elle fait des petits mouvements de rotation. Quand elle veut faire une pause, placez-vous devant elle pour qu'elle puisse s'accrocher à votre taille et étirer son dos.
- **La position en appui sur le ballon :** installée sur une chaise (ou accroupie par terre), votre douce se place les bras croisés et la tête posée sur le ballon ou les bras allongés en appui sur le ballon pour étirer son dos et ses reins. Une position parfaite pour que vous puissiez la masser (voir ci-après).

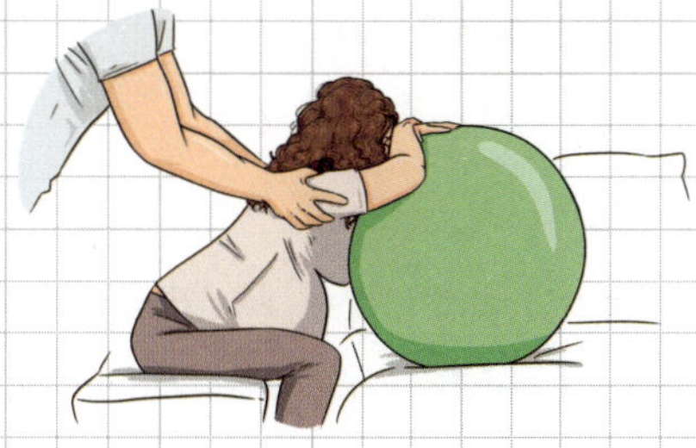

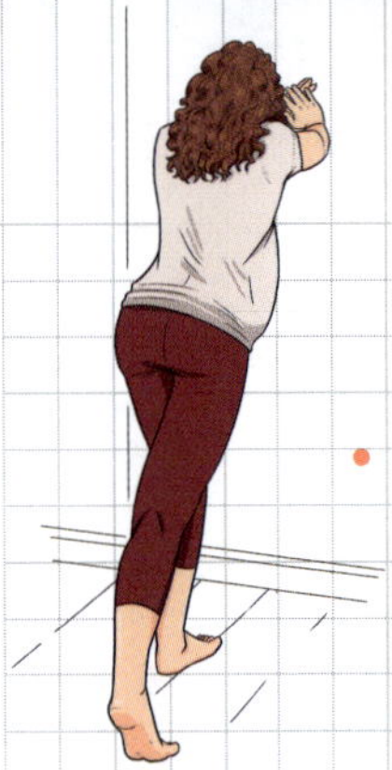

- **La position en ciseaux :** debout, les jambes en opposition, elle vient se mettre en appui contre le mur, bras tendus au-dessus de la tête et dos bien allongé.
- **La position accroupie :** vous vous installez sur le ballon et votre femme vient se placer accroupie entre vos jambes, tandis que vous la soutenez avec vos avant-bras au niveau des aisselles.

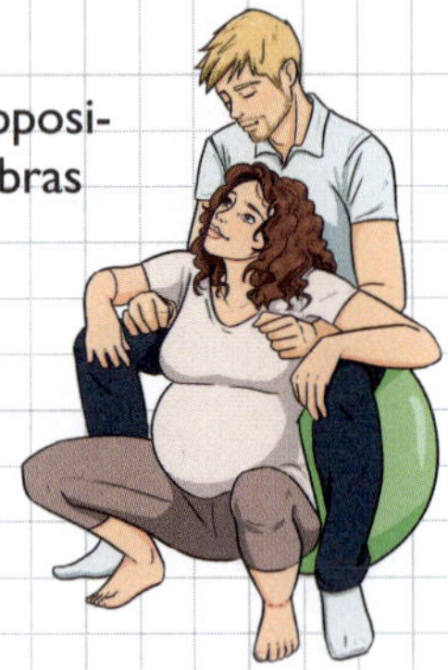

Je la masse

Vous vous êtes entraîné pendant toute sa grossesse ? C'est l'heure de redoubler d'efforts !

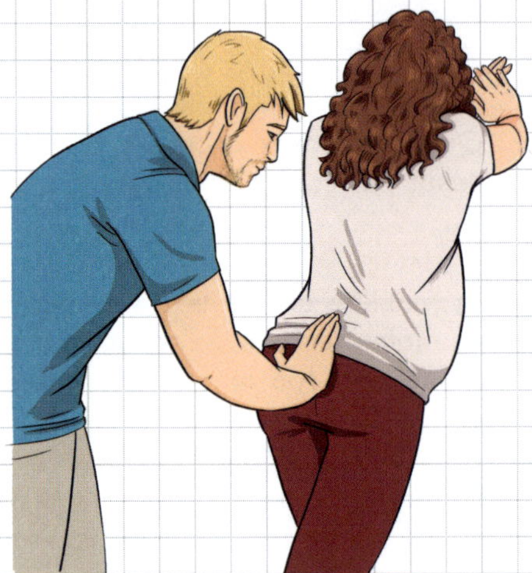

Alors on tente...

- **Avant l'anesthésie :** une fois votre douce placée en appui contre le ballon ou en ciseaux contre le mur, positionnez votre main bien à plat sur son sacrum et faites un contre-appui très fort pendant la contraction que votre compagne compense par sa position. Vous pouvez également placer une bouillotte entre vos mains et la zone douloureuse pour combiner l'action relaxante de la chaleur à la poussée. Autre option : mettez vos poings de part et d'autre de son sacrum et poussez, là encore de toutes vos forces, pendant la contraction.
- **Elle a eu la péri ?** Offrez-lui un petit massage des mains (voir p. 32) ou du front pour la détendre ! Le bon geste : placez votre doigt entre ses deux sourcils (le fameux point du 3e œil) et réalisez des mouvements de lissage vers le haut du front, puis latéralement, en suivant les arcades sourcilières !

> LA MAISON des MATERNELLES
>
> **Est-ce vraiment utile de la masser ? L'avis d'Anna Roy, sage-femme de la Maison des Maternelles**
>
> Que votre femme attende la péridurale ou qu'elle ait décidé d'accoucher sans anesthésie, les massages sont extrêmement efficaces pour apaiser la douleur, et notamment celles des contractions « dans les reins ». Et comme les sages-femmes ne sont pas toujours dispo pour s'occuper de votre femme en salle de naissance, c'est à vous de vous mettre au boulot !

Je l'aide à respirer

Respirer ? Quand même, elle devrait y arriver ? C'est vrai, mais, là encore, elle aura besoin d'être aidée, question, parfois, de ne pas paniquer et de ne pas se mettre en hyperventilation !

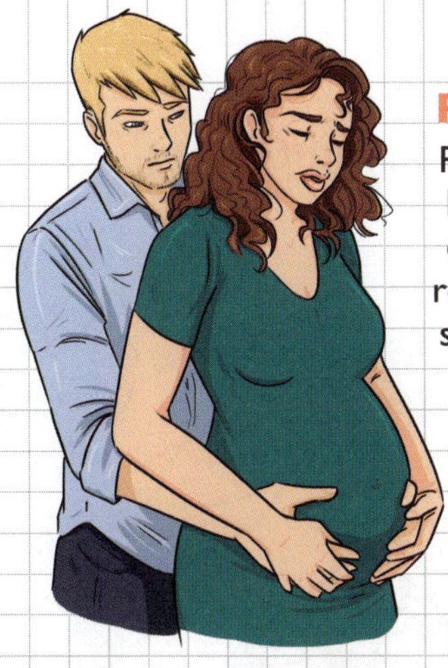

Pourquoi je l'aide à bien respirer ?

Pendant la phase de prétravail, bien respirer permet non seulement d'accompagner la douleur de la contraction, mais aussi de bien oxygéner le bébé. Et pendant la phase d'expulsion, la respiration fait partie intégrante de la poussée (et là, ce sera à sa sage-femme de la coacher).

Alors on tente...

Placez-vous debout derrière votre moitié, comme si vous étiez une sorte de tuteur pour votre belle plante. Mettez vos mains sur son ventre afin de sentir la contraction et pour qu'elle puisse y apposer les siennes. Inspirez ensemble en profondeur, puis expirez au même rythme pour accompagner la contraction.

Je veille au respect de notre projet de naissance

Si vous avez tant bossé sur votre projet de naissance, ce n'est pas pour que, le moment venu, il ne soit pas respecté. Or, la vie d'une maternité (une équipe en sous-effectif le jour J ou accaparée par un accouchement difficile) et certains facteurs médicaux (saignement, perte des eaux précoce) font que la naissance ne se passe pas toujours comme vous l'avez imaginé !

Pourquoi je tape du pied ?

Votre partenaire ne sera pas en état de le faire !

Alors, je tente de...

- **faire office de médiateur !** Votre moitié avait prévu de déambuler, vous n'avez pas de ballon pour apaiser ses contractions, elle aimerait prendre un bain ? Mettez la main sur un membre du personnel et demandez ! Non seulement les pros sont sous l'eau, mais ils ne peuvent pas (toujours) deviner ce dont vous manquez !
- **prendre des initiatives !** Tout se passe bien ? Prenez votre moitié par la main pour faire quelques pas dans le couloir, guidez-la dans un coin pour faire des exercices de respiration… N'hésitez pas à faire preuve d'autonomie, surtout si elle accouche dans une grosse maternité !
- **rebondir !** Si tout ne s'est pas passé comme vous l'espériez pendant la naissance, cela ne veut pas dire que votre projet est bon pour la casse. Les soins du nourrisson, le peau-à-peau, l'allaitement : surinvestissez vos désirs postnatals !

J'évite les incidents diplomatiques le jour de l'accouchement

Vous êtes un peu comme le café : sans filtre ! Résultat votre moitié a tendance à s'exciter quand vous faites des blagues fumantes ou des remarques désobligeantes. Attention : pas de cela en salle de naissance. Quelques papas font leur mea culpa. Prenez-en de la graine !

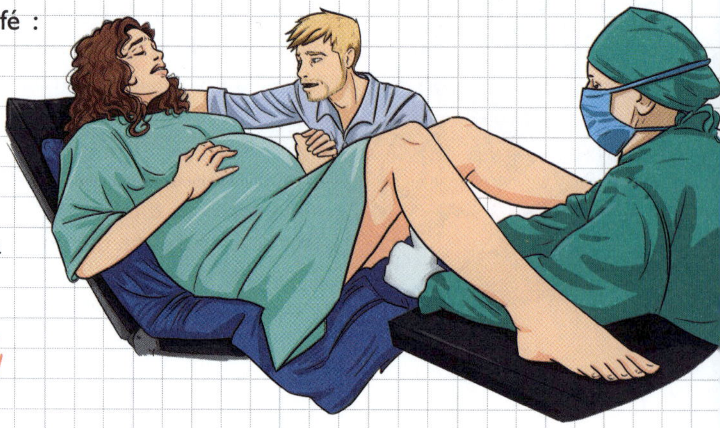

Non, vous ne pouvez pas lui donner de leçon !

« Hospitalisée pendant 2 mois au cours de sa grossesse, ma femme n'a pas pu suivre les cours de préparation à la naissance. Ajoutez à cela qu'elle attendait des jumeaux en siège et qu'on était dans un hôpital universitaire, et on s'est retrouvé avec toute l'école de médecine en salle de naissance. Quand elle a eu une contraction et qu'elle a commencé à pousser, j'ai craqué. Elle n'a pas vraiment apprécié mon "Mais, tu fais n'importe quoi !" »… (Nicolas, 38 ans)

« Ma femme a accouché dans une grande maternité parisienne très mal insonorisée. On entendait littéralement tout ce qui se passait dans la salle d'à côté. Quand le travail est devenu plus difficile, elle a crié. Et là, ça m'a échappé : "Chuuuut, bébé !" Quatre ans après, elle me le reproche encore. » (Benoît, 32 ans)

Non, vous ne pouvez pas faire une pause !

« Comme le travail traînait en longueur et que la doula [sorte de spécialiste non médicale de la périnatalité] de ma femme était très sympa, nous sommes sortis de la maternité grignoter un morceau. Manque de bol, en mon absence, le rythme cardiaque du bébé a chuté, c'était la panique à bord, elle n'est pas arrivée à me joindre. Je m'en mords encore les doigts. » (Kevin, 25 ans)

« L'accouchement est tombé pile au moment où j'avais une énorme crise au bureau… Et il a évidemment duré des heures. Bref, j'ai attendu qu'on lui pose la péridurale pour sortir mon ordi pro. Elle m'a fait la tête pendant 1 semaine. » (Fabien, 37 ans)

Non, ne faites pas (trop) preuve de spontanéité !

« Pendant son accouchement, ma femme était coachée de près par sa sage-femme, qui la faisait changer de position toutes les 3 minutes, souffler dans tous les sens… Bref, je ne savais pas quoi faire pour me rendre utile. J'ai fini par proposer des verres d'eau à tout le monde toutes les 5 minutes. Elle me rappelle encore aujourd'hui à quel point je l'ai saoulée ! » (Julien, 38 ans)

7 commandements pour sortir vainqueurs du séjour à la maternité

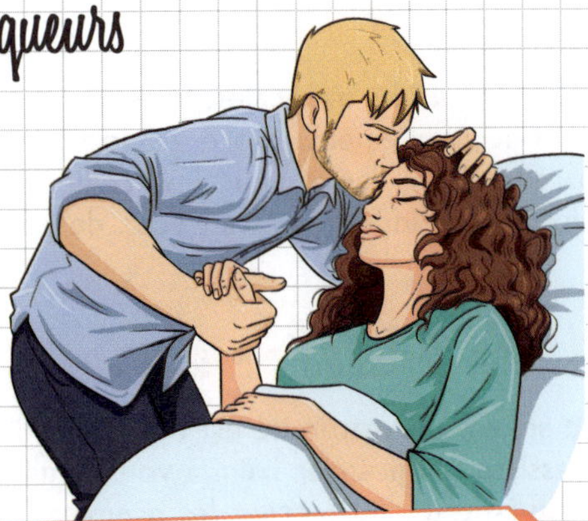

Les quelques jours que votre moitié s'apprête à passer à l'hôpital avec votre nouvelle petite recrue sont rarement l'occasion de panser ses plaies dans un havre de paix… sauf si vous parvenez à vous armer de patience pour organiser les légions de visites, gérer l'armada de soignants et trouver des réponses à sa horde de questions !

On va rester combien de temps à la maternité ?

Cela dépend ! Votre moitié a eu un accouchement par voie basse sans complication ? Vous devriez pouvoir rentrer au bout de 3 jours. Elle a donné naissance par césarienne ? Le retour à la maison se fait généralement 4 ou 5 jours plus tard… Mais ce ne sont là que des moyennes !

En effet, le séjour à la maternité peut être plus court si vous avez organisé une prise en charge dans le cadre du Prado (Programme d'accompagnement du retour à domicile). Votre bébé et votre partenaire seront alors accompagnés, à la maison, par une sage-femme libérale.

Au contraire, s'il y a des complications suite à la naissance ou que votre bébé a un ictère (une jaunisse) qui nécessite des soins, vous resterez sûrement à la maternité plus longtemps que prévu !

1. En éclaireur tu t'imposeras !

Pas question d'aller au front sans avoir fait un repérage des lieux. Votre mission avant la naissance : vous familiariser avec la maternité pour identifier où vous garer le jour J, par quelle entrée passer, repérer le bureau des sages-femmes… Renseignez-vous, votre maternité organise sûrement des visites !

2. La guerre de la communication tu anticiperas !

Pas de doute, une fois la DPA atteinte, vos proches et ses copines vont venir à la charge ! Votre stratégie : la prévention ! Enregistrez tous les numéros de ses amis et des membres de sa famille dans votre répertoire, voire créez en amont des groupes de discussion par cercles (famille, amies d'enfance…) pour vous éviter de multiplier les messages. Surtout, retardez au maximum l'annonce à toutes les personnes qui ne font pas partie de votre famille pour éviter le grand débarquement à la maternité !

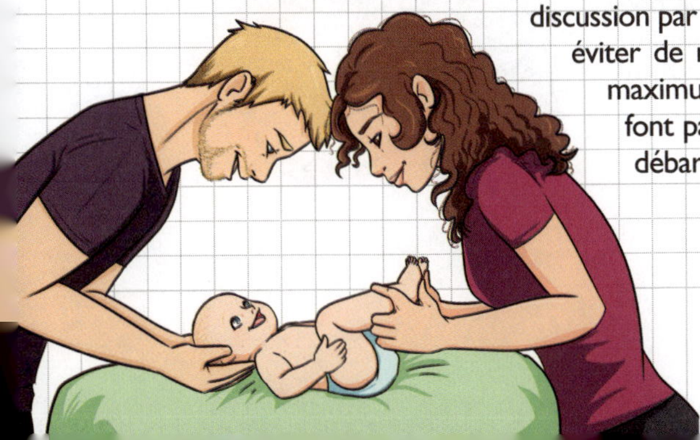

3. La garde tu monteras !

Entre les visites médicales, les soins du bébé, les débuts de l'allaitement et la récupération post-accouchement, votre grande alliée sera exténuée. Inutile donc de lui ajouter des parades familiales et amicales. Veillez à cantonner les visites à la famille proche et à faire circuler les indésirables au bout de 15-20 minutes.

4. La stratégie (parentale) tu potasseras !

Le séjour à la maternité est l'occasion d'acquérir vos premiers galons de papa ! Veillez donc à assister au premier bain, à vous familiariser avec les gestes de puériculture, à dompter le peau-à-peau... Et à créer les premiers liens avec votre bébé.

5. En gardien du projet de naissance tu te poseras !

Vous avez déjà dû le défendre bec et ongles en salle de travail ? Il faudra peut-être continuer à vous battre pour qu'il soit respecté lors de votre séjour à la maternité ! Elle ne voulait pas donner le sein, mais a l'impression qu'on lui met la pression ? C'est à vous de hausser le ton !

6. De diplomatie tu useras (ou pas) !

Le séjour à la maternité, c'est aussi un flux continu de blouses blanches ou roses qu'on sait rarement identifier. Résultat : votre moitié risque bien, faute d'avoir trouvé le bon interlocuteur, de se retrouver seule face à ses interrogations.
Là encore, prenez les devants : saluez les soignants, présentez-vous, enquérez-vous de leur fonction... avant de les bombarder de questions !

7. L'enquête (hormonale) tu mèneras !

Environ 3 jours (ou plus) après la naissance, votre moitié risque d'avoir du plomb dans l'aile. En cause, le fameux baby-blues, essentiellement dû à la baisse du taux de progestérone, cette hormone euphorisante dans laquelle elle a baigné pendant 9 mois. Elle pleure pour un rien ? Identifiez les signes, prenez le relais avec votre bébé et faites le point avec l'équipe pour l'apaiser.

Chapitre 8

Ça y est : je suis papa !

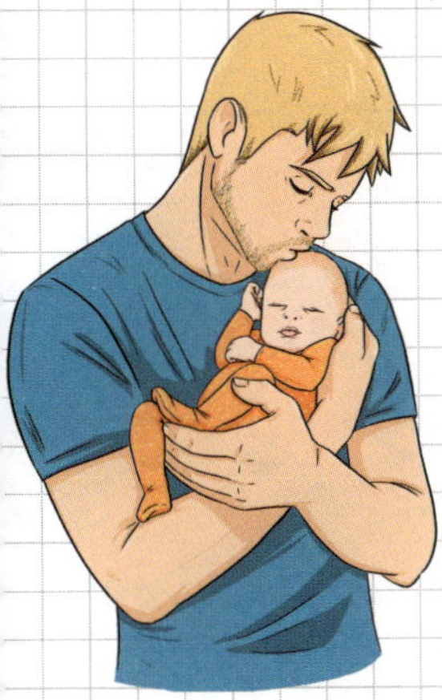

Après l'accouchement, le délassement ? Pas vraiment ! Maintenant que votre bébé est né, les choses sérieuses vont commencer. Faire connaissance avec le nouvel invité qui n'a pas fini de squatter, continuer à soutenir votre moitié qui risque de déchanter (pendant quelques semaines)… Certes, vos missions de jeune papa ne sont pas aisées, mais vous allez gérer, comme d'habitude !

Mes premiers gestes de papa pas à pas !

Certes, vous êtes un Noob de la paternité, oui, votre bébé a l'air plus fragile qu'un Galaxy Note 7, mais ce n'est pas une raison pour ne pas vous lancer dans les soins de base ! Les tutos de Laurence Rameau, puéricultrice de la Maison des Maternelles, sont là pour vous guider.

J'évite les fails au moment de préparer le biberon

Pourquoi je m'y mets ? Parce qu'entre le biberon trop chaud et celui mal secoué, il est possible, quoi que vous en pensiez, de « rater » son déjeuner.

Ma check-list avant de me lancer

- ✔ 1 biberon
- ✔ du lait infantile et sa mesurette
- ✔ 1 bouteille d'eau
- ✔ 1 couteau pour araser

→ Alors je fais quoi ?

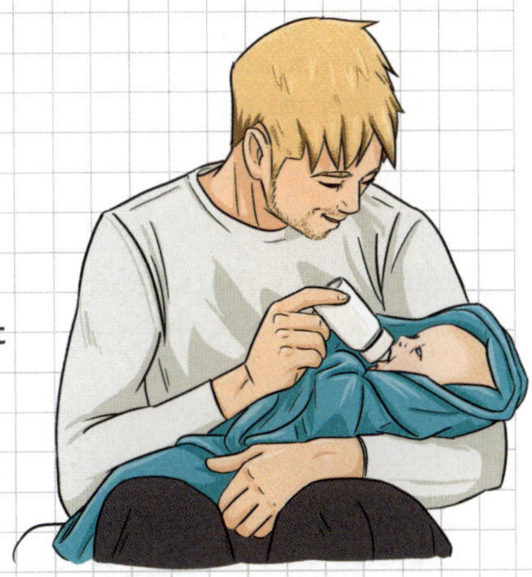

1. Lavez-vous les mains et vérifiez que vous avez tout votre matériel à proximité.
2. Versez l'eau en quantité adaptée dans le biberon. ATTENTION : les indications données par le pédiatre sur le volume du biberon (90, 120, 150 ml…) correspondent toujours à la quantité d'eau sans lait !

3. Incorporez le lait en poudre après l'avoir arasé à l'aide d'un couteau pour en avoir la juste quantité, une mesurette correspondant généralement à 30 ml de liquide.
4. Mélangez le tout en faisant rouler le biberon d'avant en arrière entre vos mains.

Le biberon, je le chauffe ou non ?
Non, votre bébé peut tout à fait apprécier son lait à température ambiante. Toutefois, si vous voulez faire du zèle, vous pouvez le réchauffer légèrement au chauffe-biberon ou au bain-marie (mais jamais aux micro-ondes pour éviter, notamment, les risques de brûlures), mais veillez toujours à vérifier la température en versant quelques gouttes sur votre poignet avant de le servir !

J'apprends à le changer IRL (In Real Life) !

Pourquoi je m'y mets ? Entre aujourd'hui et ses 2 ans et demi (âge auquel il sera normalement propre), votre bébé devrait souiller environ 4 260 couches. Impossible que vous les évitiez toutes !

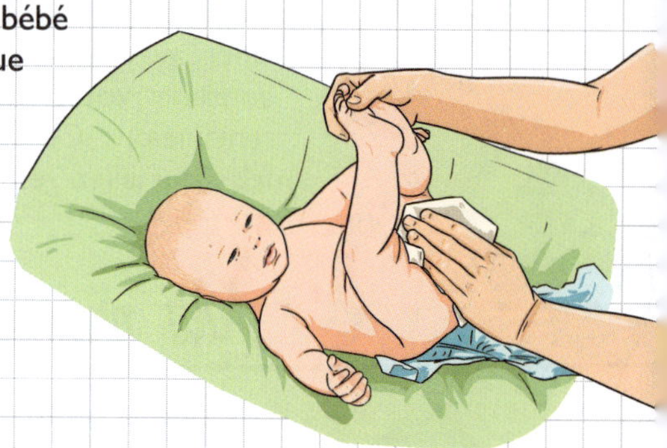

Ma check-list avant de me lancer

✔ 1 couche (ou plusieurs au cas où)
✔ du coton
✔ de l'eau du robinet
✔ du liniment oléocalcaire.

→ Alors je fais quoi ?

1. Lavez-vous les mains et vérifiez que vous avez tout ce dont vous avez besoin.
2. Déshabillez votre bébé doucement, en lui laissant son body dans l'idéal.
3. Défaites les scratchs et repliez sa couche sous ses fesses.
4. Attrapez ses pieds dans une main et essuyez ses fesses avec l'avant de la couche de l'autre.
5. Nettoyez ses fesses à l'aide d'un coton imbibé d'eau (en cas de pipi) ou de liniment (en cas de gros besoin). **Attention :** allez toujours du plus propre vers le plus sale, du pubis vers l'anus.
6. Il est propre ? Retirez la couche sale et recollez les languettes sur l'extérieur pour en faire un ballotin qui ne pourrira pas votre poubelle.
7. Mettez la nouvelle couche en vérifiant qu'elle est bien remontée dans son dos, que les élastiques internes et externes sont bien calés…

Je deviens un pro du bain !

Pourquoi je m'y mets ? Parce que c'est généralement le moment le plus sympa de la journée… Et que cela donne à votre moitié l'occasion de se reposer.

Ma check-list avant de me lancer

✔ la baignoire remplie d'eau à 37 °C
✔ 1 thermomètre de bain
✔ 1 cape de bain (ou une serviette)

- ✔ 1 savon spécial bébé
- ✔ 1 couche
- ✔ ses habits de rechange

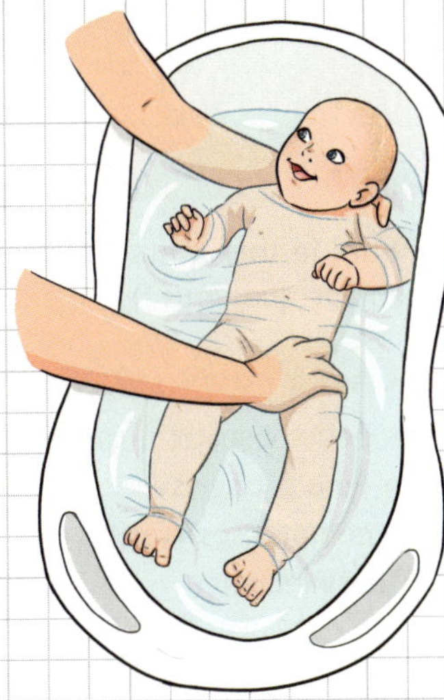

→ Alors je fais quoi ?

1. Lavez-vous les mains…
2. Vérifiez la température de l'eau à l'aide du thermomètre de bain et y trempant votre coude.
3. Déshabillez votre enfant en lui laissant son body le plus longtemps possible.
4. Passez une main derrière sa nuque jusque sous son bras et l'autre sous ses fesses.
5. Plongez-le dans l'eau doucement !
6. De votre main libre, savonnez-le des épaules aux pieds avant de finir par la tête si besoin est. Si vous êtes vraiment mal à l'aise, savonnez-le avant de l'immerger.
7. Rincez-le, placez-le sur la cape de bain et séchez-le rapidement en le tamponnant avec sa petite serviette.
8. Rhabillez-le (après lui avoir remis une couche) et le tour est joué !

Je la spoile pour les soins du cordon (tellement je gère)

Pourquoi je m'y mets ? À la sortie de la maternité, elle risque d'être fatiguée et terrorisée à l'idée de mal faire avec votre bébé. C'est moment parfait pour jouer au mâle alpha !

Ma check-list avant de me lancer

- ✔ des compresses stériles
- ✔ le désinfectant recommandé par votre praticien
- ✔ 1 couche
- ✔ des cotons-tiges

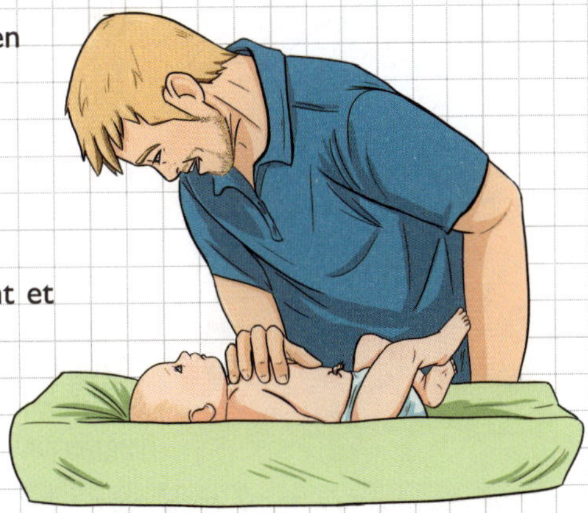

→ Alors je fais quoi ?

1. Lavez-vous les mains religieusement.
2. Imbibez une compresse stérile de désinfectant et nettoyez doucement la zone à chaque fois que vous changez sa couche.
3. Au moment de lui remettre sa couche, repliez-la plusieurs fois sur elle-même (à l'avant) afin qu'elle ne soit pas en contact avec l'ombilic.
4. Une fois la cicatrisation bien avancée, continuez à désinfecter le nombril à l'aide d'un coton-tige et du désinfectant tant qu'il y a encore des petites sécrétions.

Je masteurise les ongles

Pourquoi je m'y mets ? Même si elle fait mine de gérer, elle doit sûrement stresser (peut-être autant que vous !).

Ma check-list avant de me lancer

- ✔ des petits ciseaux à ongles spécial bébé ou un coupe-ongles adapté
- ✔ une lime à ongles
- ✔ des compresses stériles
- ✔ du désinfectant

→ Alors je fais quoi ?

1. Lavez-vous les mains…
2. Imbibez une compresse de désinfectant pour nettoyer les ciseaux.
3. Placez-vous derrière la tête de votre bébé pour avoir plus facilement accès à ses mains. Posez une de ses mains sur la compresse et coupez très droit au niveau de chaque petit ongle.
4. Pensez ensuite à lui limer les angles de chaque ongle.

Vous n'en menez pas large au moment de lui couper les ongles…
Vous pouvez tout à fait commencer, les premiers jours, par enfiler sur ses mains des moufles anti-égratignures ou tout simplement des chaussettes pour éviter qu'il ne se griffe.
Au moment de vous lancer, privilégiez un moment calme. Il sort du bain, il est endormi : allez-y !

J'essaye de comprendre mon bébé (même si ce n'est pas gagné) !

Entre ce à quoi vous vous attendiez à son arrivée et la petite chose qui est venue bouleverser votre quotidien, il y a parfois un monde. Alors, normal ou non ? Ses premiers comportements à la loupe !

On m'avait menti : il est constamment endormi !

Vous pensiez que… votre bébé allait vous réveiller toutes les 25 minutes la nuit (ce qui est sûrement le cas), mais qu'il daignerait rester un peu éveillé dans la journée !

En réalité… Jusqu'à ses 3 mois, votre bébé devrait dormir entre 16 et 20 heures par jour, tout en étant incapable de différencier le jour et la nuit. Ce n'est que vers 3-4 mois qu'il adoptera un rythme circadien (son rythme se calera enfin sur 24 heures), qu'il commencera (normalement) à faire ses nuits et des siestes régulières… Progressivement ensuite, il dormira de moins en moins longtemps.

Mon nouveau-né est vraiment bizarre !
Vous vous attendiez à découvrir un bébé Cadum, et voilà que votre nouveau-né a toute une flopée de symptômes étonnants qui, heureusement, ne dureront qu'un temps. Pas de panique !

- Il a des seins (pas un 95C, mais presque) ! La mammite du nourrisson est un phénomène courant dû aux hormones de grossesse. Imprégné, votre bébé peut avoir la poitrine enflée de manière très passagère.
- Il a des poils ! Le lanugo est un fin duvet qui recouvre le fœtus pour protéger sa peau du milieu aquatique dans lequel il évolue. S'il disparaît généralement pendant la grossesse, il peut parfois perdurer quelque temps après la naissance.
- Il a la tête plate ! Quand elle est très précoce, la plagiocéphalie est généralement due à un mauvais positionnement du bébé in utero ou à un accouchement difficile. Bénigne, elle s'estompe à condition d'adopter quelques conseils de positionnement et de consulter un ostéopathe.

Non que cela me dérange, mais il a des gestes vraiment étranges !

Vous pensiez que… votre bébé naîtrait un peu comme vous, mais plus petit et moins poilu. En tout cas, plus coordonné !

En réalité… À sa naissance, sa maturation neurologique n'est pas encore terminée. Ses gestes sont donc encore réflexes, automatiques. S'il en est déjà capable, c'est qu'il a développé, in utero, toute une série de réflexes dits archaïques destinés à lui permettre de survivre à son nouvel environnement. Parmi eux, vous avez peut-être remarqué…

- **La succion :** à peine né, c'est déjà un champion au nichon ou au biberon.
- **Le grasping :** vous lui tendez un doigt et il s'y agrippe si fort que vous pourriez le redresser en position assise.
- **Le réflexe de ramper :** si vous le placez sur le ventre, il allonge ses bras et relève ses fesses, comme s'il cherchait à avancer.
- **Le réflexe de Moro :** s'il est surpris ou s'il a mal, il écarte ses bras en croix, ouvre ses mains comme s'il voulait attraper quelque chose, puis rassemble ses bras sur sa poitrine avant de pleurer.

OK, il pleure… mais pendant 3 heures, vraiment ?

Vous pensiez que… votre bébé allait pleurer, certes, mais il ne faut pas exagérer !

En réalité… On sait depuis les années 1960 et les travaux du pédiatre américain T. Berry Brazelton[13] que, dès la naissance, les nourrissons pleurent en moyenne 1 h 40 par jour.

Quand consulter son pédiatre ?
Tant que votre bébé a moins de 3 mois, il est indispensable de consulter très rapidement en cas de :

- diarrhée, car il risque de se déshydrater ;
- fièvre supérieure à 38 °C ;
- gêne pour respirer ;
- comportement inhabituel.

Et, souvenez-vous, vous ne gênez personne avec vos questions !

On est assez loin des 3 heures, certes, mais la durée de ces pleurs va crescendo avec un pic (de 2 h 45) à 6 semaines, avant de diminuer progressivement jusqu'à 4-5 mois. Si ses pleurs se prolongent pendant plus de 3 heures par jour, se produisent plus de 3 jours par semaine, que cela dure depuis plus d'une semaine et qu'il est en bonne santé, on parle alors de coliques. Bonne nouvelle : ces pleurs devraient bientôt s'estomper !

Le changer à longueur de journée ? Pas vraiment !

Vous pensiez que… vous alliez devoir déminer le terrain de sa couche 12 fois par jour. Pourtant, après quelques semaines sur les chapeaux de roues, c'est plutôt le calme plat.

En réalité… S'il est vrai qu'il faut changer les nouveau-nés souvent (6 à 8 couches par jour pendant les 2 premiers mois), il n'est pas rare que les bébés allaités se mettent en « pause » intestinale vers 4 à 6 semaines. On parle alors de selles rares du bébé allaité, à condition évidemment que le vôtre continue à bien manger, à uriner, à prendre du poids et même à avoir des gaz. En revanche, s'il est nourri au biberon et fait moins d'une selle tous les 4 jours, il doit être constipé… Mieux vaut consulter.

Il n'a pas l'air très au taquet quand je viens le tripatouiller !

Vous pensiez que… votre bébé allait être aussi interactif que le Tamagotchi de votre enfance, mais force est de constater que sa priorité n'est pas vraiment de communiquer.

En réalité : à la naissance, les sens de votre bébé sont en bêtatest… et nécessitent quelques semaines pour passer en version 1.0. Ainsi, s'il vous entend très bien aujourd'hui, ce n'est que vers 3 à 4 mois qu'il tourne la tête dans votre direction quand vous lui parlez, même s'il est encore trop tôt pour qu'il soit sensible à votre voix[14]. Ajoutez à cela qu'au cours de ses premières semaines il n'y voit pas grand-chose (son acuité visuelle est 60 fois plus faible que la vôtre). Les premiers échanges sont limités… En revanche, son toucher est déjà ultra développé. C'est l'heure de multiplier les séances de peau-à-peau (voir p. 90).

Et si vous materniez ?

Les pratiques de maternage sont loin d'être aussi perchées que vous ne pourriez le penser… Surtout, elles ont beaucoup à vous apporter, à condition de choisir celle qui vous correspond vraiment. Alors, vous pensez quoi du maternage ?

Le maternage ? Jamais entendu parlé et/ou pas très tenté !

La pratique qu'il vous faut : le portage… dans les bras !

Pourquoi on s'y met ? Pour rassurer votre bébé, créer du lien et retrouver le calme à la maison. En effet, les bébés régulièrement portés dans les bras au cours de leurs premières semaines de vie pleureraient moins que les autres[16].

Le maternage proximal : quèsaco ?
Revenu en force depuis les années 1990, le maternage regroupe toutes les pratiques de soin visant à répondre aux besoins fondamentaux du bébé, et plus particulièrement à ses besoins psychoaffectifs. Née outre-Manche sous l'impulsion des travaux du psychiatre John Bowlby (la fameuse théorie de l'attachement[15] ; voir p. 91), la notion de maternage englobe à la fois l'allaitement long, le portage en écharpe, le massage, l'emmaillotage, la langue des signes pour bébé ou encore l'hygiène naturelle infantile (ne pas mettre de couche à son bébé, mais plutôt apprendre à repérer ses besoins). Tout un monde !

Je m'y prends comment ? Pour épater votre moitié, tentez…

La position de base : passez une main ou votre avant-bras sous les fesses et le haut des cuisses de votre bébé tout en soutenant l'arrière de sa tête et sa nuque avec votre autre main. Il est bien installé s'il est enroulé contre vous.

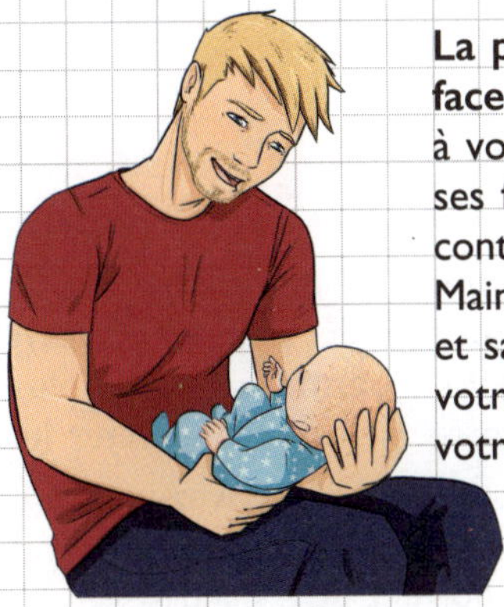

La position de face : placez-le face à vous, ses pieds et ses fesses en appui contre votre ventre. Maintenez son dos et sa tête avec votre avant-bras et votre main.

La position à califourchon : installez-le à califourchon sur votre avant-bras, la tête dans le creux de votre coude et sa petite base soutenue par votre main.
À noter : cette position est idéale s'il a des maux de ventre.

La position en berceau : installez votre bébé en appui dans le creux de votre coude et contre votre torse, l'autre main en soutien sous ses fesses.

Me rapprocher de mon bébé, OK, mais il ne faut pas pousser !

La pratique qu'il vous faut : le peau-à-peau !

Pourquoi on s'y met ?

1. C'est super simple.
2. Cela peut prendre 5 minutes comme 1 heure, en fonction de vos dispos.
3. La pratique a mille bénéfices : rassurer votre bébé, apaiser ses pleurs et ses coliques, favoriser son sommeil et votre lien ; vous donner confiance à long terme[17]…

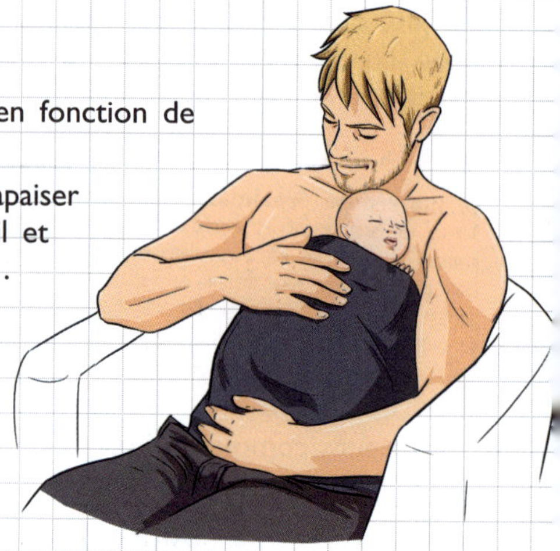

Je m'y prends comment ? Installez-vous dans une pièce calme, les lumières tamisées. Prévoyez une petite couverture au cas où votre bébé aurait froid. Enlevez votre chemise ou votre tee-shirt, et installez-le contre votre torse, la tête bien tournée vers le côté.

Paterner ? Je suis super opé !

La pratique qu'il vous faut : le portage en écharpe ou le massage.

Pourquoi on s'y met ? Au-delà du fait que le massage et le portage contribuent à améliorer le transit, le sommeil, le développement psychomoteur de votre bébé et le lien d'attachement, le massage vous permettra d'être plus confiant dans votre rôle de papa, d'apporter votre soutien à votre +1, voire de limiter les risques de dépression[18]… Ça se tente, non ?

Je m'y prends comment ? Inscrivez-vous à un atelier de portage (pendant la grossesse) ou de massage (après la naissance) pour apprendre les bons gestes, qui certes ne sont pas bien compliqués, mais doivent être maîtrisés !

8 règles d'or pour trouver votre équilibre à trois !

Avec la naissance, vous passez d'une relation à deux (avec votre moitié, c'est facile, vous gérez) à 3 formes d'interactions : votre couple, qu'il va falloir préserver, votre lien avec votre bébé, qu'il va falloir nouer, et votre engagement de coparents, qu'il va falloir construire… Alors, pour que tout se passe bien, quelques règles s'imposent !

Posez vos congés sans tarder !

Dès qu'elle a posé son regard sur votre enfant, vous vous êtes dit : « Elle a ça dans le sang. » Et c'est vrai, littéralement. En vivant cette grossesse « dans sa chair », votre moitié a pris 9 mois d'avance sur vous, liant une relation toute particulière avec votre enfant. Pas question donc de prendre un jour de plus de retard ! Posez votre congé paternité dès que votre bébé est arrivé, et pas pour partir en vacances dans 6 mois !

Faites-en des caisses !

Au cours des premières semaines de vie, les liens d'attachement sont largement favorisés par les contacts physiques ! Pour vous rapprocher de votre bébé, rien de tel que de l'inonder de baisers, de câlins, de séances de peau-à-peau ou de massage, le tout complété, évidemment, par des paroles rassurantes. C'est ainsi que votre bébé identifiera votre voix, votre odeur, puis votre visage, et qu'il pourra reconnaître (enfin) son papa !

La théorie de l'attachement : c'est quoi ?
À la fin des années 50, le psychiatre britannique John Bowlby a affiné la théorie de l'attachement. Son constat : le bébé a un besoin primaire d'entrer en relation avec les autres pour se protéger et explorer son environnement. Il cherche ainsi à interagir avec ses figures d'attachement (sa mère, d'abord, mais vous aussi) par le biais de comportements instinctifs (pleurer, sucer, sourire). En répondant à ses besoins par des soins physiques ou affectifs (le *care giving*), vous lui permettez d'acquérir la sécurité affective nécessaire pour grandir, gagner en autonomie et avoir un modèle fort pour ses relations à venir.

Attribuez-vous (ou acceptez) des missions !

Créer des liens avec son bébé, c'est aussi répondre à ses besoins, aussi basiques puissent-ils être : l'alimentation, le change… Encore faut-il que Madame vous laisse mettre votre grain de sel ! Convainquez-la de vous déléguer des tâches ciblées. Elle donne le sein ? OK, vous donnez le bain ! Elle est terrifiée par les soins du cordon ? Gérez-les comme un champion ! Votre objectif : fixer un planning clair des tâches à apporter à votre bébé… qui vous sont RÉSERVÉES !

Allez-y crescendo !

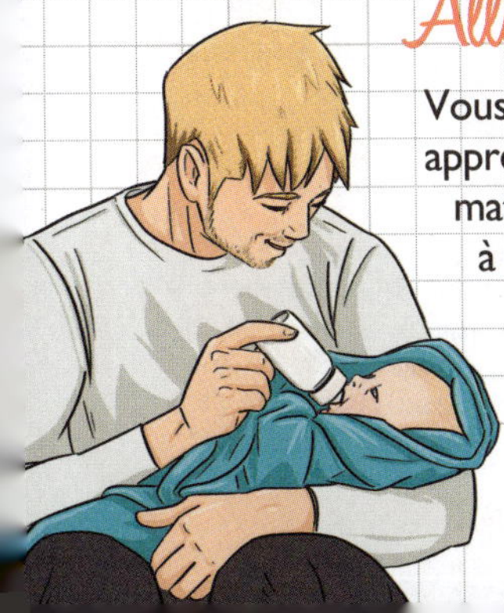

Vous doutez de vous ? Vous avez peur de mal faire ? Rassurez-vous ! Vous apprenez simplement à devenir papa, et il n'y a malheureusement pas de formation pour cela ! Pour prendre confiance en vos compétences, allez-y pas à pas. Commencez par les tâches qui vous semblent le moins impressionnantes (préparer le biberon, lui faire faire son rot…), puis embrayez sur les soins demandant plus de dextérité (lui donner le bain, lui couper les ongles…). Vous allez y arriver !

Mettez le holà !

Votre (autre) rôle de papa : diviser pour mieux régner… ou presque ! En effet, si votre moitié a une relation (trop) symbiotique avec votre bébé (et elle l'aura forcément), c'est à vous de vous interposer, tout en douceur évidemment ! L'objectif : ne pas vous sentir exclu, instaurer une relation triangulaire et permettre aussi à votre petit d'aller, doucement mais sûrement, vers l'autonomie. Plus facile à dire qu'à faire ? Invitez-la à se reposer et allez vous promener seul avec votre bébé. Il suffit, au début, de toutes petites séparations…

Prenez les devants !

À son retour de la maternité, votre douce va être lessivée… et elle va voir sa to-do list s'allonger, surtout à la fin de votre congé paternité. N'attendez pas qu'elle vous demande de l'aide avec le quotidien. Vérifiez que vous vous êtes bien acquitté de toutes vos tâches (souvenez-vous, vous avez fait une liste, p. 66) et faites le tour de la maison. Le panier à linge est plein ? Lancez la machine ! Interrompue par la tétée, elle a laissé traîner son assiette du déjeuner ? Rangez-la… L'objectif est de faire les choses avant qu'elle ne vous les demande ou ne finisse par les faire elle-même, histoire d'alléger sa charge mentale !

Accordez-vous des moments à deux !

Même si elle allaite encore ou si elle trouve qu'il est trop petit pour rester avec une baby-sitter, il est essentiel de trouver du temps pour vous retrouver. Après tout, vous restez un couple, même si vous avez eu un bébé ! Pour la convaincre, proposez-lui quelque chose qu'elle adore (et arrivera moins facilement à refuser) : son restaurant préféré, son activité de prédilection… Rien de tel pour retrouver votre complicité !

Parlez des choses qui fâchent !

Elle n'a plus un sou tellement votre budget couches a atteint des sommets ? Vous trouvez qu'elle ne vous laisse pas une place suffisante avec votre bébé ? Aussi pénibles soient-elles, toutes les questions liées à vos difficultés doivent être abordées, au risque de péricliter. Et si vous ne parvenez pas à échanger de manière apaisée, faites-vous aider !

Un daddy-blues : c'est possible ?

Si on connaît le fameux baby-blues des mamans, on sait moins que les papas peuvent aussi prendre un coup au moral. En cause : une réalité de la paternité qui ne correspond pas à ce que l'on avait projeté, un sentiment d'exclusion, de ne pas être à la hauteur ou de culpabilité à l'idée de ne pas être assez présent et, en bout de course, de l'irritabilité, voire de la colère, une mise en retrait, des disputes… Vous avez le sentiment de ne pas être heureux, épanoui, dans votre vie de famille ? N'hésitez pas à en parler (à votre compagne, à un ami, dans un groupe de parole de parents) et n'oubliez pas : c'est aussi en apprenant de ce que vous considérez comme un échec (une perte de patience, un soin qui s'est mal passé) que vous devenez un meilleur papa !

Bilan

Vous, papa ? Quand votre douce vous a annoncé la nouvelle il y a quelques mois, vous étiez certes heureux, mais probablement aussi confiant en l'avenir qu'un figurant dans un film de série Z mettant en scène des requins hybrides (Sharknado ou Sharktopus au choix). Et c'est normal ! S'il y a bien une perspective qui bouleverse toute une vie, c'est la paternité !

Mais quel chemin vous avez parcouru depuis ! Doucement mais sûrement, vous êtes devenu à la grossesse ce que Chuck Norris est aux films de kung-fu : un héros increvable (ou presque). La preuve, non seulement vous êtes parvenu, ou parvenez encore, à apaiser ses maux, mais vous avez peut-être même revu votre hygiène de vie, fait (un peu) plus attention à votre santé et vous êtes (re)mis aux fourneaux (si vous y étiez déjà avant, bravo !). Sans compter que vous l'avez accompagnée à ses rendez-vous médicaux alors que vous étiez noyé sous le boulot, avez assisté à la première échographie sans faire une remarque de zizi et avez osé vous projeter dans votre rôle avec votre futur nouveau-né ! Bravo !

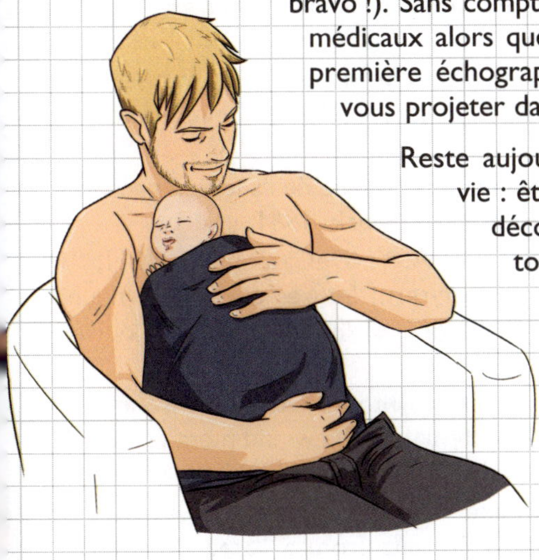

Reste aujourd'hui à affronter la plus belle mission de votre vie : être papa ! Alors certes, vous aurez des moments de découragement… comme la plupart des héros ! Après tout, Sangoku a lui aussi galéré avant de trouver les 7 boules de cristal ! Le métier de parents s'apprend avec le temps, l'expérience et la patience, les réussites et les erreurs. Bref, ne baissez pas les bras ! Vous gérez la grossesse d'une main de maître et vous êtes bien parti, alors restez sur votre lancée !

Bibliographie

- Marine Jobert et François Veillerette, *Perturbateurs endocriniens, la menace invisible*, Buchet-Chastel.
- Laurent Chevallier, *le Livre antitoxique*, Le Livre de Poche.
- Véronique Deiller, *Mon p'tit cahier : ma grossesse au naturel*, Solar.
- Véronique Deiller, *100 Conseils essentiels : la grossesse*, Solar.
- Lionel Paillès, Benoît Le Goëdec, *Bientôt papa*, First.
- Emmanuel Pinon, *Futur papa : le guide de grossesse pour nous les hommes*, Leduc.S.
- René Frydman et Christine Schilte, *Devenir père*, Marabout Poche.
- 1. Webb A. et al., "Mother's voice and heartbeat sounds elicit auditory plasticity in the human brain before full gestation", *Proceedings of National Academy of Sciences*, vol. 112 n° 10, 3152-3157.
- 2. DeCasper A.J. ; Spence M.J., 1991. "Auditorially mediated behavior during the perinatal period: A cognitive view", *in* Weiss M.J., Zelazo P.R. (sous la direction de), *Infant Attention*, Norwood N.J., Ablex, p. 142-176.
- 3. Feijoo J., « Le fœtus Pierre et le loup… ou une approche originale de l'audition prénatale humaine », in *l'Aube des Sens*, Herbinet E. and Busnel M.C., Stock, 1981.
- 4. Granier-Deferre C., Bassereau S., Ribeiro A., Jacquet A.-Y., DeCasper A.J., 2011, "A melodic contour repeatedly experienced by human near-term fetuses elicits a profound cardiac reaction one month after birth", *PLoS ONE*, 6(2):e17304.doi:10.1371/journal.pone0017304.
- 5. Salmasi G., Grady R., Jones J., McDonald S.D., "Knowledge Synthesis Group. Environmental tobacco smoke exposure and perinatal outcomes: a systematic review and meta-analyses", *Acta Obstet Gynecol Scand*, 2010, 89(4):423-4.doi:10.3109/00016340903505748.
- 6. Sengpiel, Verena et al., "Maternal Caffeine Intake during Pregnancy Is Associated with Birth Weight but Not with Gestational Length: Results from a Large Prospective Observational Cohort Study", *BMC Medicine*, 11(2013):42.PMC.Web 6 May 2018.
- 7. Papadopoulou E., Botton J., Brantsæter A. et al, "Maternal caffeine intake during pregnancy and childhood growth and overweight: results from a large Norwegian prospective observational cohort study", *BMJ Open*, 2018, 8:e018895.doi:10.1136/bmjopen-2017-018895.
- 8. INSERM, « Exposition prénatale aux perturbateurs endocriniens et troubles du comportement des enfants », septembre 2017.
- 9. Mauduit C., Florin A., Amara S., Bozeca A., Siddeek B., Cunha S., Meunier L., Selvac J., Albert M., Vialard F., Bailly M., Benahmed M., « Effets à long terme des perturbateurs endocriniens environnementaux sur la fertilité masculine », Gynécologie obstétrique et *fertilité*, octobre 2006.
- 10. Kazmierczak M., Kielbratowska B., Pastwa-Wojciechowska B. &Preis K., "Couvade syndrome among Polish expectant fathers", *Medical Science Monitor*, 2013, 19,132-138.
- 11. ASEF, étude sur les lits de bébé, octobre 2009.

- 12. HAS, « Recommandations de bonne pratique dans la prise en charge de l'accouchement normal, dont l'accouchement physiologique », juillet 2017.
- 13. Brazelton T.B., "Crying in infancy", *Pediatrics*, 1962, 29:579-588.
- 14. Cynthia D. Ward, Robin Panneton Cooper, "A lack of evidence in 4-month-old human infants for paternal voice preference", *Development Psychobiology*, July 1999.
- 15. Bowlby J., "The nature of the child's tie to his mother", *International Journal of Psycho-Analysis*, 1958, 39:350-373.
- 16. Hunziker U.A. and Barr R.G., "Increased carrying reduces infant crying: a randomized controlled trial", *Pediatrics*, 1986, 77(5):641-8.
- 17. Feldman R., Rosenthal Z., Eidelman A., "Maternal-Preterm Skin-to-Skin Contact Enhances Child Physiologic Organization and Cognitive Control Across the First 10 Years of Life", *Biological Psychiatry*, Vol. 75, Iss. 1, 1 January 2014, p. 56-64.
- 18. Cheng C.D., Volk A.A., Marini Z.A., "Supporting Fathering Through Infant Massage", *The Journal of Perinatal Education*, 2011, 20(4):200-209.doi:10.1891/1058-1243.20.4.200.
- 19. Bowlby J., "The nature of the child's tie to his mother", *International Journal of Psycho-Analysis*, 1958, 39:350-373.

Carnet d'adresses

- Haute Autorité de Santé, « Sortie de maternité ; préparez votre retour à la maison », www.has-sante.fr
- INPES, le guide nutrition de la grossesse, http://inpes.santepubliquefrance.fr/CFESBases/catalogue/pdf/1059.pdf
- Association Santé Environnement France, « Le petit guide santé du bio-bébé », http://www.asef-asso.fr/
- WECF, mini-guides du Projet Nesting (pour un environnement sain) : http://www.projetnesting.fr/-Mini-guides-thematiques, 51-.html

La Maison des Maternelles en quelques clics...

- en replay : https://www.france.tv/france-5/la-maison-des-maternelles/
- sur YouTube : https://www.youtube.com/channel/UCIPYAUOsPwGooCilzojYvlA
- sur Facebook : https://www.facebook.com/LaMaisonDesMaternelles/
- sur Twitter : @LMDMF5

Remerciements
Merci à Nathalie Lancelin Huin, psychologue spécialiste de la périnatalité (http://www.nathalie-t.com/), au Dr Caroline Deiller, spécialiste en médecine génétique prénatale, à Julien et à Éléonore.

Direction : Jean-Louis Hocq
Direction éditoriale : Suyapa Hammje
Édition : Marion Guillemet
Correction : Chloé Chauveau
Conception et mise en couleur de la couverture : Stéphanie Brepson
Mise en pages : Nord Compo
Fabrication : Kevin Magar

ISBN : 978-2-263-15527-7
Code éditeur : S15527
Dépôt légal : septembre 2018
Imprimé en France par Imprimerie de Champagne

HarmonieSolar

harmonie_solar

Solar, un département d'**Edi8**